Frank Rönicke
Typenkompass DKW-Motorräder
1920 – 1979

D1668489

Frank Rönicke

DKW

Motorräder 1920–1979

Einbandgestaltung: Dos Luis Santos

Fotos: Archiv Siegfried Rauch, Archiv Frank Rönicke

Eine Haftung des Autors oder des Verlages und seiner Beauftragten
für Personen-, Sach- und Vermögensschäden ist ausgeschlossen.

ISBN 978-3-613-02633-9

Copyright © by Motorbuch Verlag, Postfach 103743, 70032 Stuttgart
Ein Unternehmen der Paul Pietsch Verlage GmbH + Co.

1. Auflage 2007

Sie finden uns im Internet unter
www.motorbuch-verlag.de

Lektorat: Martin Gollnick
Innengestaltung: Bernd Peter
Reproduktionen: digi Bild reinhardt, 73037 Göppingen
Druck und Bindung: Henkel GmbH, 70435 Stuttgart
Printed in Germany

Inhalt

Die Geschichte ist Legende und wurde dutzendfach publiziert: Der dänische Ingenieur Jörgen Skaffte Rasmussen, der, 26jährig, mit einem Freund 1904 in Chemnitz die Firma »Rasmussen & Ernst GmbH« gegründet hatte, erwarb drei Jahre später im Dischautal bei Zschopau eine stillgelegte Tuchfabrik. Dort stellte er hauptsächlich Dampf- und Wasserarmaturen für die Industrie her. Der begeisterte Kraftfahrer Rasmussen, der schon 1904 ein Wanderer-Automobil fuhr, gründete dann 1914, zusammen mit Direktor Günther von den Presto-Werken (Fahrräder, Motorräder, Automobile), die »Elitewerke« in Brand-Erbisdorf. Der Zeitpunkt, dort eine Automobilfertigung aufzuziehen, war aber denkbar schlecht gewählt: Im September 1914 begann der Erste Weltkrieg.

Während dieses Krieges stellte man in Zschopau Granatzünder her und beschäftigte sich mit der Entwicklung von Automobilen mit Dampfantrieb. Nach den Plänen des dänischen Ingenieurs Matthiesen entstanden Prototypen so genannter Dampfkraftwagen, die den Zschopauern außer dem künftigen Markennamen DKW nichts einbrachten.

Andere Wege, die man mit dem Apoldaer Konstrukteur Hugo Ruppe einschlug, brachten ab 1918 mehr Erfolg. Sein als Spielzeugmotor ausgelegter Zweitakter (DKW jetzt »Des Knaben Wunsch«), konnte Rasmussen in einer größeren Ausführung mit liegendem Zylinder 1919 als ersten Stationärmotor anbieten. Dieser Motor begründete eines der wichtigsten Standbeine der DKW-Produktion für die folgenden Jahrzehnte. Ein anderes entstand aus der Abwandlung des Stationärmotors zum Fahrradhilfsmotor mit 118 ccm und 1 PS Leistung, der ab 1920 serientauglich war. Dank Rasmussens perfekter Werbestrategie lief am Jahresende schon der 20 000. Motor mit der Bezeichnung »Das Kleine Wunder« (so die neue Interpretation des Markennamens DKW) vom Band und an die Rahmen verschiedenster Hersteller. Der über

Der aus einem Spielzeugmotor hervorgegangene Fahrradhilfsmotor begründete den Motorradbau in Zschopau.

dem Hinterrad des Fahrrades angeordnete
Motor bot gegenüber der bereits großen Konkurrenz den Vorteil, durch eine Zahnrad-Primär-
untersetzung im Kurbelgehäuse eine genügend
große Abtriebsriemenscheibe am Motor und
damit wiederum eine nicht zu große Riemen-
scheibe am Hinterrad zu ermöglichen. Das
brachte dem Motor mehr Durchzugskraft und
dem Keilriemen eine längere Lebensdauer.
Weniger Erfolg hatten die Zschopauer 1921
mit einer Art Motorroller namens »Golem«, in
dem der auf nun 1,5 PS gebrachte Fahrradhilfsmotor untergebracht war. Es waren nicht
nur die schlechten Fahreigenschaften dieser
Konstruktion, die sie schließlich floppen ließen
– die Zeit war für ein solches Fahrzeug auch
noch nicht reif. Das erging dem im darauffol-
genden Jahr (1922) erschienenen, als »Sesselrad« bezeichneten Nachfolger »Lomos« nicht
viel besser. Dennoch markierte das Jahr 1922
einen entscheidenden Wendepunkt in der DKW-
Geschichte. Der 28jährige Österreicher Carl
Hahn wurde für Vertrieb und Marketing, der
Chemnitzer Jungingenieur Hermann Weber als
Konstruktionsleiter eingestellt. Beide sollten in
den folgenden zwei Jahrzehnten das Gesicht
der Marke DKW nachhaltig prägen. Die Firma
im Tal der Dischau benannte sich in diesem
Jahr auch in »Zschopauer Motorenwerke J. S.
Rasmussen« um.
Schon Webers erste Schöpfung brachte das
Unternehmen in die Erfolgsspur. Er setzte den
1,5 PS Motor (der bald 2,25 PS leistete) in das
Rahmendreieck eines selbst gefertigten, stärke-
ren Rahmens – fertig war das »Leichtmotorrad«.
Da man mit diesem Modell und getuntem
Motor erfolgreich an der ADAC-Reichsfahrt
1922 teilnahm, nannte man dieses, als erstes
Motorrad in die DKW-Geschichte eingehende
Zweirad schlicht »Reichsfahrtmodell«.
Schon im Jahr darauf entstanden weitere
Modelle, die dieses einfache Motorrad ablösen
sollten. Allerdings war die Nachfrage so groß,
dass die erste DKW-Baureihe bis 1925 gebaut
wurde. Dass man bei DKW mit allen Neu-

entwicklungen grundsätzlich dem Zweitakt-
prinzip treu blieb, muss an dieser Stelle vielleicht noch einmal ausdrücklich erwähnt werden.
1923 wandelte Rasmussen sein Unternehmen
in eine Aktiengesellschaft um und blieb selbst
Hauptaktionär. Im darauf folgenden Jahr führte
Hahn die Möglichkeit des Ratenkaufes ein und
erweiterte das Vertriebsnetz mit selbstständigen
Vertragspartnern. Dies alles führte zu einer enor-
men Absatzsteigerung, die schon 1924 zum
50 000. DKW-Motorrad führte – was für die

Das Motorradmuseum auf der Augustusburg zeigt die meisten DKW-Motorräder bis 1945.

damalige Zeit einen großen Erfolg darstellte. Zu einem solchen wurde auch die 1926 auf den Markt gebrachte E 206, das erste DKW-Motorrad mit Mittelständer – und das erste deutsche Motorrad, das auf einem Fließband entstand. Rasmussen vergrößerte seinen Konzern durch Zukäufe, vor allem durch den von Zulieferfirmen in der näheren Umgebung. Mit der ersten Zweizylinder-500er hatte er 1927 dann auch ein richtig großes Motorrad im Programm. Überhaupt boten die Zschopauer eine ungeheure Vielfalt an; vom simpelsten und billigsten Volks-

motorrad bis zur luxuriösen Sportmaschine. Dank dieser Voraussetzungen konnte sich die Marke aus dem Erzgebirge 1928 erneut mit einem Superlativ schmücken: Mit einer Jahresproduktion von 40 000 Maschinen avancierte DKW zur erfolgreichsten Motorrad-Marke der Welt. Im gleichen Jahr verleibte sich Rasmussen die angeschlagene Firma Audi in Zwickau ein und begann mit dem Autobau unter eigenem Markenzeichen. Vor allem die ab 1931 gebauten Kleinwagen mit Frontantrieb setzten Trends. Dass auch die DKW-Automobile von Zweitaktmotoren angetrieben werden würden, war natürlich selbstverständlich. Um aber auch Viertaktmotorräder anbieten zu können, hatte Rasmussen, ebenfalls 1928, die Schüttoff-Motorradfabrik in Chemnitz übernommen. Die Modelle dieser Firma sind aber nicht Bestandteil dieses Typenkompasses.

Rasmussens Expansionspolitik hatte aber auch negative Folgen. Die Finanzdecke der AG wurde immer dünner und erwies sich alsbald, mit dem Fortschreiten der Weltwirtschaftskrise, als brüchig. Da half auch die Liquidierung der Schüttoff AG 1930 nichts – die Sächsische Staatsbank übernahm mehr und mehr das Ruder bei DKW. Hatten die Zschopauer 1929 noch 60 000 Motorräder gebaut, waren es zwei Jahre später nur noch gut 20 % davon. Dabei blieb DKW jedoch weiterhin führender deutscher Motorradhersteller. So sicherten die ab 1929 eingesetzten Blockmotoren, bei denen Motor und Getriebe erstmals eine Einheit bildeten, die Umstellung auf Satteltanks und vor allem die Einführung der »Schnürle-Umkehrspülung« den DKW-Vorsprung auch weiterhin ab. Die Umkehrspülung revolutionierte gar den Zweitaktmotorenbau und machte DKW durch einen geschützten Lizenzvertrag erst recht konkurrenzlos. Dennoch führte der Weg aus der Krise nur über eine Konzentration der Kräfte im westsächsischen Raum – meinte jedenfalls die Sächsische Staatsbank, die den Zusammenschluss von Horch und Audi (gehörte ja schon zu DKW) in Zwickau, DKW in Zschopau sowie Wanderer (Automobilabteilung) in Chemnitz forcierte. Am 29. Juni 1932 unterzeichneten die Firmenvertreter die Verträge: Die Auto Union war als einer der größten deutschen Fahrzeughersteller entstanden. Markenzeichen wurden die vier ineinander verschlungenen Ringe, die die vier beteiligten Firmen symbolisieren sollten.

Trotz allem hatte DKW 1933 erst einmal mit nur 11 000 produzierten Maschinen einen Tiefpunkt

zu überwinden. Die Einführung der RT 100 für nur 333 Reichmark (RM) verdoppelte diese Produktionszahl im Jahr darauf, der DKW-Marktanteil lag bei über 30 Prozent. Darüber konnten sich auch die über 3000 DKW-Motorradhändler in Deutschland freuen. Natürlich spielte die Machtergreifung der Nationalsozialisten und deren Politik eine nicht unbedeutende Rolle für den Aufschwung der gesamten Kraftfahrzeugindustrie. Auch die durch die hohen Aktienanteile der Sächsischen Staatsbank zum Staatskonzern gewordene Auto Union AG profitierte davon. Rasmussen selbst konnte am Erfolg seiner Marke nicht mehr teilhaben: Nach ständigen Querelen mit den von den Banken eingesetzten Vorständen schied er 1934 aus dem Unternehmen aus.

1935 waren es schon wieder 36 000 Motorräder, die in Zschopau von den Bändern liefen und die DKW-Motorsportabteilung fuhr einen Erfolg nach dem anderen ein. Auf eine starke sportliche Präsenz hatte Rasmussen übrigens von Anfang an sehr viel Wert gelegt, und dieses Mittel zur Eigenwerbung setzten auch seine Nachfolger mit Nachdruck ein – so, wie sie auch weiterhin auf Innovationen im Serienmotorradbau setzten. So gab es die SB-Reihe schon ab 200 ccm wahlweise mit Anlasser und die ab 1938 erscheinenden NZ-Typen setzten völlig neue Maßstäbe im Motorradbau. DKW hatte sich den Titel als weltgrößte Motorradfabrik inzwischen zurückerobert.

Während am 6. Februar 1939 das 500 000. DKW-Motorrad, eine SB 500, vom Band läuft, feilte Chefkonstrukteur Hermann Weber die letzten Ecken und Kanten von einer weiteren (leider seiner letzten) genialen Neuschöpfung ab: DKW RT 125. Im Kriegsjahr 1940 ging die Maschine noch in Produktion, um im Jahr darauf wichtigeren Rüstungsgütern Platz zu machen. 1942 wurde die zivile Motorradfertigung gänzlich eingestellt. Die NZ 350 und schließlich auch die RT 125 kehrten aber im militärischen Dress ab 1943/44 wieder auf die Montagebänder zurück. Sie ergänzten die

Gesamtstückzahl der bis 1945 gebauten DKW-Motorräder auf etwa 650 000 Stück. Bekanntermaßen konnten auch die robusten Zweitakter den Kriegsverlauf nicht mehr ändern, und in den ersten Maitagen des Jahres 1945 flüchtete der gesamte Vorstand der Auto Union vor den heranrückenden Russen in den Westen. Das schafften DKW-Werkdirektor Hoffmann und Chefkonstrukteur Weber nicht. Zusammen mit den komplett demontierten Produktionseinrichtungen wurden sie in die Sowjetunion transportiert. Hermann Weber sah Deutschland nicht mehr wieder.

Schon im Juni 1945 gründeten ehemalige Auto Union-Leute das »Zentraldepot für Auto Union-Ersatzteile GmbH« in Ingolstadt. Sie wollten für die übrig gebliebenen Fahrzeuge des Konzerns, vor allem die rund 60 000 DKW-Frontantriebswagen, die Ersatzteilversorgung sichern. Unter der Führung der ehemaligen Auto Union-Vorstände Dr. Richard Bruhn und Dr. Carl Hahn entstand dann 1949 in Ingolstadt die »Auto Union GmbH« mit der klaren Vorgabe, wieder Fahrzeuge zu bauen. Die Auto Union AG in Chemnitz war aus dem Handelsregister gelöscht worden. Zwar wählte auch die neue Auto Union die vier Ringe als Symbol, DKW jedoch blieb bis 1965 die einzige Marke, die wieder Automobile und Motorräder baute.

Nahezu zeitgleich wie in Zschopau begann auch in Ingolstadt die Montage der RT 125. Während sie im Osten schon über Neuerungen wie Telegabel und Hinterradfederung verfügte, blieb die DKW RT 125 w (w stand für West) im Vergleich zum Urmodell zunächst nahezu unverändert. Und das war für den neuen Chefkonstrukteur Nikolaus Dörner, der schon in Chemnitz für die Auto Union gearbeitet hatte, durchaus ein Erfolg: Schließlich hatten sämtliche Konstruktionsunterlagen anhand einer nagelneuen Vorkriegs-RT neu gezeichnet werden müssen. Jedes Teil musste bei neuen Zulieferfirmen in Auftrag gegeben werden. Längst noch war Ingolstadt nicht in der Lage, Rahmen, Blechteile, Motoren oder Getriebe selbst zu fertigen. 1949 konnten nur ein paar hundert Maschinen ausgeliefert werden, doch schon zwei Jahre später liefen rund 30 000 125er vom Band. Zu diesem Zeitpunkt gab es bereits eine 200er, ebenfalls noch ohne Hinter-

Mit der fast unveränderten RT 125 begann bei der neuen Auto Union in Ingolstadt 1949 der Wiedereinstieg in den Motorradbau.

radfederung. 1952 folgte die RT 250, 1954 schließlich der Verkaufsschlager RT 175. Sie war lange Zeit das meistgekaufte Motorrad in Deutschland. Zum Flaggschiff der Modellpalette avancierte die ebenfalls noch 1954 erschienene Zweizylinder-RT 350. Diese allerdings war preislich schon zu dicht an Kabinenroller und andere Primitivautos herangerückt. Die Verkaufszahlen waren so schlecht, dass die Maschine 1956 wieder aus dem Programm genommen wurde. Dafür rundete nun ein Moped das DKW-Programm nach unten ab. Sehr spät erst hatte man in der Konzernzentrale auf den Moped-Boom reagiert. Zwar vermochte die »Hummel«, als erstes 50-ccm-Moped mit Dreigang-Getriebe, noch einmal Maßstäbe zu setzen, aber die rasante Entwicklung auf dem Kleinkraftrad-Markt hatte das Vollschwingen-Modell schnell ein- und überholt. DKW war längst nicht mehr Trendsetter. 1957 verschwanden nach der 125er auch die 250er und der DKW-Motorroller »Hobby« aus dem Programm. Der drei Jahre zuvor eingeführte 74-ccm-Roller hatte mit seinen 16-Zoll-Rädern und dem stufenlosen, automatischen Getriebe durchaus für Aufregung in der Szene gesorgt. Allerdings konnte er nur 1955, als der Roller mehr als 50 % der gesamten DKW-Zweiradproduktion ausmachte, die hohen Erwartungen erfüllen. Danach wurde auch er vom allgemeinen Abwärtstrend erfasst, die Rechte gingen dann an den französischen Hersteller Manurhin über.

Mit dem Niedergang der Motorradproduktion und der sich anbahnenden Krise bei den Zweitakt-Automobilen geriet die Auto Union in finanzielle Schwierigkeiten. Das führte 1958 zum Einstieg von Mercedes-Benz als Mehrheitsgesellschafter. Und in Stuttgart hatte man mit Motorrädern nichts am Hut. Noch im gleichen Jahr beendeten die neuen Hausherren nach fast vier Jahrzehnten den Motorradbau bei DKW/Auto Union.

Dennoch war das Kapitel »Motorradbau« noch nicht ganz abgeschlossen. Mit der in die Pleite gerutschten Firma Victoria, der ebenso kränkelnden Marke Express und nun auch den Resten der DKW-Motorradfertigung formte sich 1958 in Nürnberg die Zweirad-Union.

Aus Ingolstadt kamen die Restbestände der bisherigen Zweiradproduktion samt den Fertigungsrechten der Modelle RT 175 VS, RT 200 VS und Hummel. Auch der bisherige Motorrad-Chef Franz Ischinger wechselte als Technischer Direktor nach Nürnberg, mit den Rechten am Markennamen DKW für alle künftigen Zweiräder der Zweirad-Union im Rucksack.

Die Hoffnungen Ischingers und aller DKW-Motorradfreunde wurden schnell enttäuscht. Mopeds, Mokicks und Mofas mit Sachs-Motoren schienen den Geldgebern in Nürnberg der einzig gangbare Weg zu sein, und so verschwanden alle Pläne für richtige Motorräder schnell in der Schublade. Die Schnapsglasklasse dominierte fortan, wenngleich es später auch noch einmal Modelle mit 125 ccm Hubraum geben sollte. Da hatte aber auch schon Fichtel & Sachs mit ihrem Tochterunternehmen Hercules die nicht lebensfähige Zweirad Union übernommen. Trugen schon vorher fast als Maschinen, ob als DKW, Victoria oder Express vermarktet, dieses Triebwerk, so war dies ab 1966 nun zwingend. Das sollte bis hoch in die siebziger Jahre hinein so bleiben, als immer wieder kleine motorisierte Zweiräder mit der Bezeichnung DKW erschienen.

Wenngleich das alles mit dem einst von Jörgen Skafte Rasmussen gegründeten Traditionsunternehmen rein gar nichts mehr zu tun hatte, so werden auch die Nürnberger DKW-Zweiräder der Vollständigkeit halber hier aufgeführt.

Nicht beschrieben werden in diesem Typen-Kompass alle DKW-Motorräder, die für rein sportliche Zwecke in einer ungeheuren Vielzahl als Einzelstücke oder Kleinstserien schon seit 1922 gebaut worden sind. Was nichts daran ändert, dass die Marke DKW bis 1956 bei Straßenrennen und im Geländesport weltweit stets eine führende Rolle innehatte.

Vom Fahrradhilfsmotor zum Reichsfahrtmodell 1920–1925

Die ersten motorisierten Zschopauer Zweiräder hatten alle eines gemeinsam: Das aus dem Zweitakt-Spielzeugmotor des Konstrukteurs Hugo Ruppe hervorgegangene Antriebsaggregat. Der Fahrradhilfsmotor leistete 1 PS und war hinter dem Sattel des Fahrers angeordnet, was ihm den Spitznamen »Arschwärmer« einbrachte. In Zusammenarbeit mit dem Berliner Konstrukteur und Fahrgestellproduzenten Ernst Eichler entstanden 1921/22 die als »Sesselräder« bezeichneten Roller »Golem« und »Lomos«, die als erste Versuche eingestuft werden müssen, den Hilfsmotor für höhere Aufgaben einzusetzen. Für den Lomos wurde die Motorleistung auf 1,5 PS angehoben, was dieser Fahrzeugart trotzdem nicht zum Durchbruch verhalf. Anders bei der ersten Konstruktion des jungen Ingenieurs Hermann Weber. Nachdem Rasmussen für die Hilfsmotoren eigene Rahmen bauen ließ, stand dem Bau des ersten Zschopauer Motorrads, dem »Reichsfahrtmodell«, nichts mehr im Wege. Der weiter verbesserte Hilfsmotor, der in seiner stärksten Version 2,25 PS leistete, kam ins vordere Rahmendreieck des bis 1925 mit vielen Detailänderungen gebauten Leichtmotorrades.

Vom Leichtmotorrad zu den Block-Modellen 1923–1931

Nach dem Modell ZL von 1923, das als erstes »richtiges« Motorrad galt, erschien im Jahr darauf die ZM mit dem ersten Zweiganggetriebe im Kurbelgehäuseraum. Danach gab es eine Fülle von Modellen, wahlweise mit Zwei- oder auch mit getrennten Dreigang-Getrieben. Weitere Neuerungen folgten: Schwungradgebläse, Kettenantrieb (alternativ zum Riemenantrieb), »Ballon«-Bereifung (alternativ zur Hochdruckbereifung), Stahlblech-Rahmen (nach Rohr-Rahmen) und Satteltanks, die die Einsteck-Kraftstoffbehälter ersetzten. Ende der zwanziger Jahre kamen Zweizylindermodelle, luft- oder wassergekühlt auf den Markt. Alle Motoren hatten Mischungsschmierung und Nasenkolben, bedingt durch die angewandte Querstromspülung. Die Triebwerke wurden bald mit Luftfiltern und mit teils Schwungradmagnet-, teils Batterie/Spulenzündung sowie DKW Gleichstrom-Lichtmaschine geliefert. Beim letzten Einzylindermodell (Block 350) wurde der Einlass, im Gegensatz zu allen vorhergehenden Maschinen, nicht durch die Kolbenunterkante sondern mittels Membranventil gesteuert.

Die Umkehrspülung: Von der Block 350 zu den SB-Modellen 1932–1937

Die Zweitakt-Umkehrspülung revolutionierte den Motorradbau bei DKW. Das erste mit diesem Prinzip ausgeführte Modell war die Block 350, die anderen – mit 100 (RT), 200 (KS und SB) sowie 250, 350 und 500 ccm (SB) – folgten unmittelbar danach. 1935/36 wurden die (außer bei den RT-Modellen verwendeten) Stahlblechprofil-Rahmen in verlängerter Ausführung und mit längeren, stilistisch sehr gelungenen Tanks geliefert; einige Jahre gab es SB-Modelle (200 A, 500 A) mit elektrischem Anlasser (DKW-Dynastart). Alle Modelle wiesen serienmäßig noch eine Handschaltung in Form einer Tank-Kulisse auf.

Die NZ-Reihe und die RT 125 1938–1945

Die letzte Modelle der Zschopauer-Epoche gehörten zur NZ-Reihe, die 1938 in 250er- und 350er-Varianten in Serie ging. 1939 rundete das Zweizylindermodell NZ 500 die Reihe nach oben ab, während die völlig neu konzipierte RT 125 das Programm nach unten ergänzte. Alle Maschinen dieser Zeit hatten Ketten-Primärtrieb; die NZ-Modelle eine Viergang-Fußschaltung, gekoppelt mit der Tankschaltung. Die NZ 500 verfügte als erstes DKW-Serienmodell (abgesehen vom Lomos) über eine Hinterradfederung. NZ 350 und RT 125 wurden, jeweils im Wehrmachts-Trimm, bis zum Ende des Zweiten Weltkrieges gebaut.

Neubeginn in Ingolstadt: RT 125 1949–1957

Bis auf ein abschließbares Werkzeugfach im vergrößerten Tank unterschieden sich die ersten RT 125 w nicht vom Vorkriegs-Modell. Das änderte sich relativ schnell, als nach 25 000 gefertigten Modellen Ende 1950 eine Teleskopgabel die alte Trapezgabel ersetzte. 1952 steigerten die Ingolstädter die Motorleistung auf 5,6 PS und zwei Jahre später noch einmal auf jetzt 6,4 PS. Zu dieser Zeit erhielt die RT endlich auch eine Hinterradfederung, was nichts daran

änderte, dass die Verkaufszahlen inzwischen schon stark rückläufig waren. 1957 wurde die kleine Maschine vorzeitig aus dem Programm genommen.

RT 175/200 1951–1958

Das einst in der Vorkriegszeit bedeutende Argument der Steuer- und Führerscheinfreiheit für Motorräder bis 200 ccm Hubraum gab es zwar längst nicht mehr; die Beliebtheit dieser Hubraumklasse war aber nach wie vor ungebrochen. Daran orientierte sich auch DKW und brachte 1951 die RT 200 heraus. Die Verkaufsbezeichnung sagte eine Menge aus: RT stand ursprünglich für »Reichstyp« und war seit den Tagen der RT 125 ein Synonym technischen Fortschritts. Überdies waren alle Ingolstädter Motorräder direkte Weiterentwicklungen der RT 125, sowohl in der Technik wie im Design. Die erste 200er entsprach in ihrem Aussehen noch sehr der kleineren RT, der Triebwerksblock war gar eine exakte Nachbildung. 1952 kam die RT 200 in den Genuss eines verbesserten Fahrwerks mit Hinterradfederung und 1954 eines völlig neuen Motors. Auch die in diesem Jahr präsentierte RT 175 trug dieses Aggregat. Die neue Maschine war eine Reaktion auf die inzwischen geltenden Hubraum- und Versicherungsbestimmungen, Ingolstadt hatte aber zu spät reagiert. Trotzdem verglich man dieses Modell, das sich schnell zum meistverkauften DKW-Motorrad entwickelte, ob ihrer technischen Ausgereiftheit und ihres Erfolges mit der 15 Jahre zuvor erschienenen RT 125. Die 175er und die 200er traten nun gemeinsam den Entwicklungsweg als S-Modell mit Schwinge vorn (1955–1956) und als VS-Modell mit Vollschwingenfahrwerk (1956–1958) an. Die 175er war 1958 das letzte aus dem DKW-Programm genommene Motorrad, was nicht zuletzt einem Bundeswehrauftrag zu verdanken war.

RT 250 und 350 1952–1957

Die RT 250 erhielt von Anfang an eine Geradweg-Hinterradfederung, sollte aber anfangs auch noch mit einem Dreigang-Getriebe auskommen. Dieser Rückschritt gegenüber den NZ-Modellen musste auf Druck des Vertriebs hin schnellstens korrigiert werden und führte schon 1953 zur RT 250/1. Über den leistungsgesteigerten Motor der RT 250/2 führte die weitere Entwicklung, wie bei den anderen Modellen über die RT 250 S mit hinterer Schwinge und neuem Stachelrippen-Zylinder schließlich zur RT 250 VS mit Vollschwingenfahrwerk. War die große RT 1953 mit fast 28 000 Exemplaren die meistverkaufte DKW, brach auch die 250er in den Folgejahren stark ein und musste nach nur noch 3384 Stück 1956 im Jahr darauf ebenfalls die Segel streichen.

So lange hatte es die ursprünglich zum Flaggschiff auserkorene RT 350 S nicht einmal geschafft. Im Gegensatz zu den Vorkriegstypen hatte die 1954 auf den Markt gekommene 350er zwei Zylinder, wohl auch im Hinblick auf die Möglichkeit, daraus noch eine 500er werden zu lassen. Das Fahrwerk der neuen 350er DKW folgte den 1954er S-Modellen mit einer Ausnahme: Es gab erstmals bei DKW eine hydraulische Hinterradfederung. Doch auch die half dem heute gefragtesten DKW-Motorrad-Oldtimer damals nicht; nach anfänglich guten Verkaufszahlen war 1956 nach insgesamt nur 5290 verkauften Exemplaren schon wieder Schluss.

Motorroller »Hobby« 1954–1957

Die guten Verkaufszahlen von NSU Lambretta und Vespa inspirierten die Ingolstädter zur Entwicklung eines eigenständigen Motorrollers mit 16 Zoll-Rädern und automatischem, stufenlosen Getriebe (fliehkraftbetätigte, variable Riemenscheiben). Allein damit setzte man sich technisch deutlich von der Konkurrenz ab. Der Einzylinder-Zweitaktmotor mit 74 ccm Hubraum war ebenfalls eine völlige Neukonstruk-

Bei ihrem Erscheinen war die 159 TS das letzte Modell, das ein in DKW-Tradition entwickeltes Triebwerk besaß. Bald war aber auch bei diesem Modell nur noch Fichtel & Sachs drin, wo DKW drauf stand.

tion und befand sich unter dem Sitz vor dem Hinterrad. Angelassen wurde er – auch nicht gerade alltäglich – mittels Hand-Seilstarter. Der Hobby verkaufte sich auf Anhieb gut, allerdings hatte sich der Absatz bis 1956 auch schon nahezu halbiert. 1957 verkaufte die Auto Union die Fertigungsrechte eines der beliebtesten deutschen Roller an die französische Firma Manufacture de Machines du Haut-Rhin S. A. (Manurhin).

n sensationeller Erfolg: **Die schnelle Maschine mit großer Zukunft – DKW 159 TS**

SACHS 8 GRUPPE

DKW-Moped »Hummel« 1956–1958

An der »Hummel« hat es nicht gelegen: Noch im Jahr des Ingolstädter Abschieds vom Zwei-radbau konnten über 40000 Mopeds abgesetzt werden. Allerdings war man um Jahre zu spät in dieses Geschäft eingestiegen. Der Moped-Boom war eigentlich schon vorbei. Da nützte es wenig, dass man mit dem Drei-gang-Getriebe und der Hinterradfederung der

Konkurrenz kurzzeitig überlegen war. Immerhin konnte man mit der sorgfältigen, ausgereiften Konstruktion den Tod des Motorradbaus in Ingolstadt um ein Jahr hinauszögern. Übrigens war die Bezeichnung »Hummel« schon früher bei DKW für ein im Krieg entwickeltes, aber dann nicht gebautes Motor-Fahrrad vor-gesehen gewesen.

Die Zweirad-Union in Nürnberg 1959–1979

Die neu gegründete Zweirad-Union in Nürnberg verkaufte 1959 noch Restbestände der Ingol-städter VS-Modelle und der Hummel. 1960 entstand aus Restbeständen des originalen Hummel-Triebwerks dann die Hummel Super mit modernerem Schalenrahmen und »Boxer-tank«. Erst 1961 erschienen mit den Modellen 115 (2 PS) und 155 (4,2 PS), die ersten Neu-schöpfungen der Nürnberger, die als »Blech-bananen« in die Moped-Geschichte eingingen. Auf Händlerwunsch konnten sie als DKW, Ex-press oder Victoria ausgeliefert werden. Der Motor kam nun allerdings von Fichtel & Sachs. Dieses Vorgehen wurde in den Folgejahren Methode in den Hubräumen 50–125 ccm. Zwar konnte auf Betreiben Franz Ischingers 1964/65 noch einmal ein selbstentwickeltes Triebwerk mit 50 ccm Hubraum in die neue TS 159 eingesetzt werden, aber das wurde mit der Übernahme der Zweirad-Union durch Fichtel & Sachs (Hercules) 1966 ganz schnell korri-giert. Spätestens mit Ischingers Ausscheiden aus dem Unternehmen im selben Jahr ging jeglicher DKW-Bezug in Nürnberg verloren. Bis 1979 erschienen aber immer wieder Erzeug-nisse der Sachs-Gruppe mit dem DKW-Schrift-zug. Der wurde oftmals erst beim Händler ans Mofa oder Moped geklebt, was es heute nahe-zu unmöglich macht, alle jemals als DKW-Modelle verkauften, motorisierten Zweiräder aufzuzählen.
So erhebt die nachfolgende Typenpalette der DKW-Motorräder aus Nürnberg keinen Anspruch auf Vollständigkeit.

DKW-Fahr-rad-Hilfsmotor

Der sogenannte »Arschwärmer«, der mittels Stützgabel liegend über dem Hinterrad angeordnet war, wurde zunächst ausschließlich an fremde Fahrgestelle, ab 1922 auch an eigene montiert. Im Laufe der Fertigung kamen verschiedene Zylinder und drei unterschiedliche Tanks zum Einsatz. Vergaser-Regulierung und Dekompressionsventil wurden vom Lenker aus mit Bowdenzügen betätigt. Rund- oder Keilriemen leiteten die Kraft des Motors an eine an den Speichen des Hinterrades befestigte Riemenfelge weiter. Anfangs kamen schwimmerlose Vergaser, später Spritzvergaser zum Einsatz. Den Hilfsmotor gab es in verschiedenen Leistungsstufen mit einem PS, später dann auch 1,75 und 2,5 PS; das kleine Triebwerk blieb aber deutlich dominierend.

Bauart:	Fahrrad-Hilfsmotor
Modell:	1 PS
Typ:	M
Bauzeit:	1919–1923
Stückzahl:	ca. 30 000
Kühlung:	Fahrtwind
Hubraum:	117,8 ccm
Bohrung/Hub:	50/60 mm
Schmierung:	1:10
Leistung:	1 PS
Getriebe:	1 Gang, Untersetzung 1:3 im Kurbelraum
Vergaser:	Tuto, Adria, Meco
Rahmenbauart:	Stahlrohr, gelötet
Federung vorn:	Kurzschwinge (bei eigenen Fahrgestellen)
Federung hinten:	keine
Bremsen:	Rücktrittnabenbremse, Riemenfelgen-Klotzbremse hinten (bei späteren eigenen Fahrgestellen)
Reifen:	26 x 13/4 oder 26 x 2 (bei eigenem Fahrgestell)
Höchstgeschw.:	40 km/h
Sitzplätze:	1
Leergewicht:	14 kg
Preis:	Inflationsbedingt nicht festlegbar. Im Juni 1923: 3600 Mark.

Golem

Dass der Hilfsmotor auch für andere Zwecke einsetzbar war, bewies der Golem aus dem Jahre 1921. Der ungewöhnliche Sesselroller trug seinen Motor in der Mitte des Rohrrahmens und trieb – damals noch längst nicht üblich – das Hinterrad mittels Kette an. Mit den kleinen Rädern und dem durchaus komfortablen Sitz war er eine Ausnahmeerscheinung auf dem Zweiradmarkt. Allerdings zeichnete sich das Gefährt mit dem wenig sympathischen Namen – der Golem war in der jüdischen Legende ein seelenloses Menschenwesen aus Lehm, das durch Beschwörungen zum Leben erweckt werden konnte – auch durch wenig überzeugende Fahreigenschaften aus.

Bauart:	Sesselrad
Modell:	Golem
Typ:	Golem
Bauzeit:	1921/22
Stückzahl:	500
Kühlung:	Fahrtwind
Hubraum:	117,8 ccm
Bohrung/Hub:	50/60 mm
Schmierung:	1:10
Leistung:	1 PS
Getriebe:	1 Gang, Untersetzung 1:3 im Kurbelraum
Vergaser:	Tuto, Adria, Meco, Variat
Rahmenbauart:	Einrohr geschlossen
Federung vorn:	Kurzschwinge
Federung hinten:	keine
Bremsen:	–
Reifen:	–
Höchstgeschw.:	40 km/h
Sitzplätze:	1
Leergewicht:	45 kg
Preis:	Inflationsbedingt nicht festlegbar

Lomos-Sesselrad

Für das Golem-Nachfolgemodell wurde der Motor in vielen Details verbessert und seine Leistung auf 1,5 PS, später 2,25 PS gesteigert. Dazu saß das Triebwerk dieses echten Roller-Vorläufers unter dem Sitz vor dem Hinterrad. Mit technischen Leckerbissen wie Hinterrad-schwinge mit Teleskopfederung, stufenloser Übersetzungsänderung durch verstellbare Riemenscheiben-Hälften (Lomos-Kupplung) oder der als Kraftstofftank ausgebildeten Rückenlehne war das Fahrzeug seiner Zeit voraus. Die Fahreigenschaften konnten gegenüber dem Golem wesentlich verbessert, die Verkaufszahlen aber kaum gesteigert werden.

Bauart:	Sesselrad
Modell:	Lomos
Typ:	Lomos
Bauzeit:	1922 – 1925
Stückzahl:	2500
Kühlung:	Gebläse
Hubraum:	142,5 / 169,6 ccm
Bohrung/Hub:	55/60 mm / 60/60 mm
Schmierung:	1 : 10
Leistung:	1,5 / 2,25 PS
Getriebe:	Stufenlose Übersetzung, Untersetzung 1 : 3 im Kurbelraum
Vergaser:	–
Rahmenbauart:	Blechprofil-Kasten- oder Elektron-Guss-U-Profilrahmen
Federung vorn:	Kurzschwinge
Federung hinten:	Schwinge mit Teleskopfeder
Bremsen:	Bandbremse auf Hinterrad und Klotzbremse auf Riemenfelge
Reifen:	–
Höchstgeschw.:	60 km/h
Sitzplätze:	1
Leergewicht:	52 kg
Preis:	–

Reichsfahrt-modell

Das Reichsfahrtmodell wurde in sehr vielen Varianten und mit noch mehr Detailänderungen gefertigt. Eine Einteilung in die Modelle bis 1924 und die Fahrzeuge von 1925 ist jedoch möglich. Allen gemeinsam war die Motoraufhängung im vorderen Rahmendreieck. Hubräume von 118, 128, 143 und 148 ccm kamen zum Einsatz, wobei die beiden Letzteren klar dominierten. Anfangs entsprach das Fahrgestell leicht verstärkt dem für den Hilfsmotor. Die Vorderradgabel erhielt bald eine Schwinghebelfederung, später eine Pendelgabel. Ein Schaltgetriebe besaß keines der Leichtmotorräder, aber immerhin war zeitweise eine Zweigang-Hinterradnabe im Angebot.

Bauart:	Leichtmotorrad
Modell:	Reichsfahrtmodell
Typ:	RM
Bauzeit:	1922–1924
Stückzahl:	20 000 (inkl. Modell 25)
Kühlung:	Gebläse
Hubraum:	142,5/147,8 ccm
Bohrung/Hub:	55/60 mm/56/60 mm
Schmierung:	1:10
Leistung:	1,5/2,25 PS
Getriebe:	1 Gang, Untersetzung 1:3 im Kurbelraum
Vergaser:	Meco, Adria, Pichler
Rahmenbauart:	Stahlrohr, gelötet
Federung vorn:	Kurzschwinge, später Pendelgabel
Federung hinten:	keine
Bremsen:	Hinterradfelgen- und Rücktrittnabenbremse
Reifen:	–
Höchstgeschw.:	60 km/h
Sitzplätze:	1
Leergewicht:	42 kg
Preis:	Inflationsbedingt nicht festlegbar

Reichsfahrt-modell 1925

Im Modelljahr 1925 kam der Motor mit 148 ccm und jetzt 2,5 PS zum Einsatz. Er war nun mit der aus dem Sesselrad bekannten Lomos-Kupplung ausgerüstet, die mehr zum Anfahren und weniger zur Änderung der Übersetzung diente. Dies war notwendig geworden, da der Pedal-Kettenantrieb »echten« Motorradfuß-rasten hatte weichen müssen. Die Kupplung wurde über einen Rasterhebel manuell betätigt. Mit dem Reichsfahrtmodell ab 1922 wurde später der offizielle Beginn der Motorradferti-gung in Zschopau terminiert.

Bauart:	Leichtmotorrad
Modell:	Reichsfahrtmodell
Typ:	RM25
Bauzeit:	1925
Stückzahl:	20 000 (alle RM-Varianten)
Kühlung:	Gebläse
Hubraum:	147,8 ccm
Bohrung/Hub:	56/60 mm
Schmierung:	1 : 10
Leistung:	2,5 PS
Getriebe:	stufenlose Übersetzung, Unter-setzung 1 : 3 im Kurbelraum
Vergaser:	–
Rahmenbauart:	Stahlrohr, gelötet
Federung vorn:	Pendelgabel
Federung hinten:	keine
Bremsen:	Hinterradfelgenbremse
Reifen:	26 x 13/4
Höchstgeschw.:	65 km/h
Sitzplätze:	1
Leergewicht:	40 kg
Preis:	–

Zschopauer Leicht- motorrad

Die ZL sollte so etwas wie das Reifezeugnis für den Zschopauer Motorradbau werden. Eigentlich hatte dieses Zweirad nicht viel mehr als ein Reichsfahrtmodell zu bieten, sollte aber mit der Motoranordnung (wo er bei einem »echten« Motorrad eben hingehört) und den Trittbrettern erstmals richtiges Motorrad-Flair verbreiten. Wie beim RM gab es auch bei der ZL noch kein einheitliches Erscheinungsbild. Der Motor besaß anfangs den schräg ver- rippten Zylinder, später einen mit waagerechter Verrippung. Ein Hebel rechts am Tank betätigte die Kupplung.

Bauart:	Leichtmotorrad
Modell:	Zschopauer Leichtmotorrad
Typ:	ZL
Bauzeit:	1923/24
Stückzahl:	2000
Kühlung:	Gebläse
Hubraum:	147,8 ccm
Bohrung/Hub:	56/60 mm
Schmierung:	1 : 10
Leistung:	2,25 PS
Getriebe:	1 Gang, Untersetzung 1 : 3 im Kurbelraum
Vergaser:	Meco, Adria, Pichler, Variat
Rahmenbauart:	Stahlrohr, gelötet
Federung vorn:	Pendelgabel
Federung hinten:	keine
Bremsen:	Bandbremse und Klotzbremse auf Hinterrad
Reifen:	26 x 13/4
Höchstgeschw.:	65 km/h
Sitzplätze:	1
Leergewicht:	47 kg
Preis:	–

Zschopauer Modell

Vielleicht das erste richtige Motorrad war die 1924 erschienene ZM. Zwar hatte diese noch den gleichen Rahmen wie die ZL, wies jedoch deutliche Unterschiede am neu konzipierten Triebwerk auf. Dieses gab es in vier verschiedenen Hubraumklassen von 128 ccm (steuerfrei) bis 206 ccm. Erstmals gab es ein Zweigang-Getriebe (Handschaltung), einen Kickstarter mit außenliegendem Ratschenmechanismus und

eine Korkscheibenkupplung. Der Auspuff konnte mittels einer Klappe auf »Orts«- beziehungsweise »Überland-Verkehr« eingestellt werden.

Auch die ZM-Modelle sahen noch sehr unterschiedlich aus. Neben verschiedenen Rahmen, Tanks, Schutzblechen, Trittbrettern und Lenkern

Bauart:	Motorrad
Modell:	Zschopauer Modell
Typ:	ZM
Bauzeit:	1924/25
Stückzahl:	7200
Kühlung:	Gebläse
Hubraum:	128 ccm (Ausführung E), 169,6 ccm (Ausführung A), 175 ccm (Ausführung B), 181 ccm (Ausführung C), 205,9 ccm (Ausführung D)
Bohrung/Hub:	50/64, 60/60, 59/64, 60/64, 64/64 mm
Schmierung:	1:10
Leistung:	2, 2,5, 3, 3,25, 3,5 PS
Getriebe:	2 Gänge, 1:2,4 u. 1:3,8 im Kurbelraum
Vergaser:	Framo, Adria
Rahmenbauart:	Stahlrohr, gelötet
Federung vorn:	Pendelgabel
Federung hinten:	keine
Bremsen:	Band- und Klotzbremse am Hinterrad, teilweise Komet-Bremsnaben hinten, seltener auch vorn
Reifen:	26 x 2
Höchstgeschw.:	40–65 km/h
Sitzplätze:	1 (2. Optional)
Leergewicht:	65–70 kg
Preis:	–

kamen für die Betätigung der Bowdenzüge am Lenkrad von innen nach außen laufende Handhebel oder Innenzughebel zum Einsatz. Neben den konventionellen Band- und Klotzbremsen wurden Komet-Bremsnaben hinten oder an beiden Rädern montiert. Interessant auch die Typenbezeichnungen »DRW« oder »DGW«, die zeitweise auf Grund eines Rechtsstreites mit den Deutschen Kabelwerken verwendet werden mussten. Neben dem Reichsfahrtmodell wurde die ZM zu einem Verkaufsrenner, nicht zuletzt dank Ratenzahlung.

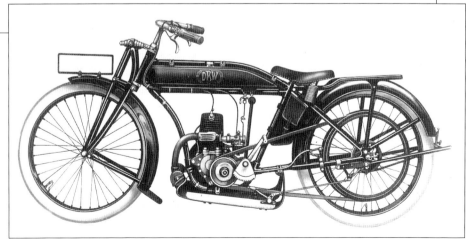

Stahlmodell

Parallel zur ZM bauten die Zschopauer eine Art Experimental-Motorrad, um neue, kostensenkende Rahmenbauweisen zu testen. In den markanten, geschweißten Hauptträger des Rahmens, der durchgängig aus einem Stück gepresst und verschweißt wurde und der als Gabel für das Hinterrad auslief, war der Tank integriert. Und der vordere Rahmenprofilträger, mit dem Hauptträger verschraubt, diente gleichzeitig als Auspufftopf. Im Rahmen hing das gleiche Triebwerk wie in der ZM, auch wieder mit unterschiedlichen Hubräumen – lediglich die 128 ccm Hubraum wären wohl für die 80 kg schwere Maschine zu wenig gewesen. Auch die Stahlmodelle wiesen viele konstruktive

Bauart:	Motorrad
Modell:	Stahlmodell
Typ:	SM
Bauzeit:	1924/25
Stückzahl:	1000
Kühlung:	Gebläse
Hubraum:	169,6, 175, 181, 205,9 ccm
Bohrung/Hub:	60/60, 59/64, 60/64, 64/64 mm
Schmierung:	1 : 10
Leistung:	2,5, 3, 3,25, 3,5
Getriebe:	2 Gänge, 1 : 2,4 u. 1 : 3,8 im Kurbelraum
Vergaser:	Framo, Adria
Rahmenbauart:	Blechpressteile, geschweißt
Federung vorn:	Pendelgabel
Federung hinten:	keine
Bremsen:	Bandbremse u. Klotzbremse am Hinterrad oder Komet-Bremsnaben
Reifen:	26 x 21/4
Höchstgeschw.:	65 km/h
Sitzplätze:	1 (2. Option)
Leergewicht:	80 kg
Preis:	–

Unterschiede auf – nicht zuletzt wegen mangelnder Fahreigenschaften und diverser Rahmenbrüche mit lecken Tanks. Am auffälligsten war das bei den verschiedenen Hauptträgern des Rahmens. Wie auch bei der ZM kamen u. a. unterschiedliche Lenker und Handhebel zum Einsatz. Wegen der angesprochenen Probleme wurde die Entwicklung nach 1000 Exemplaren abgebrochen.

E 206

Mehr als alle bisherigen Modelle war die E 206 ein richtiges Motorrad. Das machten der unten offene Rohrrahmen, vom Motor überbrückt, die erstmals eingesetzte »Ballonbereifung« und die Auspuffzigarre aus. In den gut drei Produktionsjahren gab es eine Fülle an Detailänderungen; so drei verschiedene Auspuffanlagen, runde oder kastenförmige Werkzeugkästen unter Sätteln mit zwei verschiedenen Federungen, verschiedene Schutzbleche usw. Bedeutend war sicher die Einführung des Framo-E-Vergasers mit Zentralschwimmer und die Verwendung von Kolben aus einer Aluminium-Legierung anstelle des bisher verwendeten Grau-

gusses. Die E 206 konnte mit Riemen- oder Kettenantrieb geordert werden. Neben den hauptsächlich eingesetzten 206 ccm gab es Hubvolumen von 125, 175 und zuletzt auch 199,5 ccm (mit Umbausatz). Werkseitig wurden die Motorräder immer noch ohne Beleuchtung ausgeliefert. Für 60 Mark extra konnte 1926 ein Zündlichtmagnet mit 6-W-Görtz-Scheinwerfer geordert werden. Oft wurden Zubehörteile wie auch Hupe oder Sozius-Sitz, beim Händler aus einer Vielzahl von Angeboten ausgesucht und montiert. Ab 1927 war der Auspuffkrümmer (»Turbobirne«) mit einem Abdeckblech versehen. Ein Novum im Motorradbau war ein Luftansaug-Filter vor dem Vergaser. 1926 wurden in Deutschland erstmals mehr Zweitakt- als Viertakt-Motorräder gebaut.

Bauart:	Motorrad
Modell:	E 206
Typ:	LM
Bauzeit:	1925–1928
Stückzahl:	49 000
Kühlung:	Gebläse
Hubraum:	205,9 ccm
Bohrung/Hub:	64/64 mm
Schmierung:	1 : 9
Leistung:	4 PS
Getriebe:	2 Gänge, im Kurbelraum
Vergaser:	Framo, Framo-E
Rahmenbauart:	Rohrrahmen, offen
Federung vorn:	Pendelgabel
Federung hinten:	keine
Bremsen:	Innenbacken vorn u. hinten
Reifen:	26 x 2,85
Höchstgeschw.:	70 km/h
Sitzplätze:	1 (2. Option)
Leergewicht:	75 kg
Preis:	835 Mark (1926)

E 200

Ab 1. April 1928 galt in Deutschland Steuer-
freiheit für alle Motorräder bis 200 ccm Hubraum. Rasmussen hatte diese Reform unterstützt
und dafür gesorgt, dass DKW in ausreichender
Zahl Zylinder mit 63 mm Bohrung produzierte
und auf Lager nahm. So war DKW als einziger
Motorrad-Hersteller vom Tag des Inkrafttretens
an in der Lage, 200er in größeren Mengen zu
liefern. Die E 200, die sich sonst nicht von der
E 206 unterschied, war mit dieser zusammen
zudem das erste Motorrad in Deutschland, das
auf einem Fließband montiert wurde. Auch die
E 200 wurde mit Riemen- oder Kettenantrieb
geliefert.

Bauart:	Motorrad
Modell:	E 200
Typ:	LM
Bauzeit:	1928/1929
Stückzahl:	19 200
Kühlung:	Gebläse
Hubraum:	199,5 ccm
Bohrung/Hub:	63/64 mm
Schmierung:	1 : 9
Leistung:	4 PS
Getriebe:	2 Gänge, im Kurbelgehäuse
Vergaser:	Framo-E
Rahmenbauart:	Rohrrahmen, offen
Federung vorn:	Pendelgabel
Federung hinten:	keine
Bremsen:	Innenbacken vorn u. hinten
Reifen:	26 x 2,85
Höchstgeschw.:	70 km/h
Sitzplätze:	1 (2. Option)
Leergewicht:	75 kg
Preis:	695 Mark

Transport-rad

DKW

Das Lomos-Sesselrad bildete die Grundlage für das zwei Jahre lang gebaute Transport-Dreirad. Der Lomos-Sitz in Verbindung mit dem neuen Motor der E 206, beides gehalten von einem kräftigen Profilrahmen, an dem auch der Vorderwagen hing, ergaben ein äußerst praktisches Fahrzeug. Es bildete sozusagen die Grundlage des Kleintransporter-Baus in Rasmussens Framo-Werk. Deshalb verfolgte man bei DKW selbst diese Idee später auch nicht weiter. Das Thema Nutzfahrzeuge tauchte bei DKW erst Mitte der 30er Jahre mit den Frontantriebs-Lieferwagen wieder auf.

Bauart:	Lastendreirad
Modell:	Transportrad
Typ:	Transportrad
Bauzeit:	1925/26
Stückzahl:	1100
Kühlung:	Gebläse
Hubraum:	205,9 ccm
Bohrung/Hub:	64/64 mm
Schmierung:	1:9
Leistung:	4 PS
Getriebe:	2 Gänge, im Kurbelraum
Vergaser:	Framo
Rahmenbauart:	Kastenprofil
Federung vorn:	Blattfedern, längs
Federung hinten:	keine
Bremsen:	Innenbackenbremse hinten
Reifen:	26 x 2,5 (Hochdruck) oder 26 x 2,85 (Niederdruck)
Höchstgeschw.:	35 km/h
Sitzplätze:	1
Leergewicht:	175 kg
Preis:	–

Z 500

Ende 1926 brachte DKW schon sein erstes Zweizylinder-Modell mit knapp 500 ccm Hubraum auf den Markt. Das Fahrwerk entsprach den E-Modellen, hatte jetzt aber ein doppeltes Rahmenoberrohr. Der luftgekühlte Zweizylinder steckte in einem gegossenen, später aus gelochten Blechen gepressten Motorschuh, der wiederum den offenen Rahmen unten überbrückte. Erstmals war das Getriebe außerhalb des Motors angeordnet. Die ersten 500er hatten wie die E-Typen auch zwei Schalldämpfer samt Fischschwanz-gekrönter Auspuffspitze; bald kam es jedoch zu einer Auspuffanlage mit zwei in einem Rohr verbundenen Schalldämpfern. Anfangs kühlte das

bisherige Standardgebläse den Motor, Ende 1927 versuchte man es nach diversen Kolbenklemmern mit dem reinen Fahrtwind. Trotz diverser Modifizierungen bekam DKW die thermischen Probleme aber nie in den Griff. Damit einher gingen zahlreiche optische Änderungen. Schon im Verlaufe des Jahres 1927 unterschieden sich die 500er deutlich von den ersten Modellen. Prägnant waren jetzt die tief herumgezogenen Kotflügel, die Schalldämpfertöpfe und die Beinschilder, die, anfänglich als Zubehör, zu Luftleitblechen für die temperaturanfälligen Zylinder umfunktioniert wurden. Zu der 500er gab es die bisher umfangreichste Auswahl an Zubehör wie Tachometer, Rückspiegel, Stoßdämpfer für die Sitzfederung oder elektrische Hupe. Erstmals kamen auch Kniekissen zum Einsatz.

Bauart:	Motorrad
Modell:	Z 500
Typ:	Z 500
Bauzeit:	1926–1928
Stückzahl:	1000 (zus. mit ZSW 500)
Kühlung:	Gebläse, später Fahrtwind
Hubraum:	493,9 ccm
Bohrung/Hub:	2 x 68/68 mm
Schmierung:	1:20 (teilw. Frischöl)
Leistung:	12 PS
Getriebe:	3 Gänge, Getriebe getrennt
Vergaser:	Framo
Rahmenbauart:	Doppelrohr (oben), nach unten offen
Federung vorn:	Parallelogrammgabel mit Schraubenfeder
Federung hinten:	keine
Bremsen:	Innenbacken
Reifen:	vorn u. hinten 27 x 3,5 vorn,
Höchstgeschw.:	27 x 3,85 hinten
Sitzplätze:	100 km/h
Leergewicht:	1 (2. Option)
Preis:	130 kg RM 1275, Sportausf. RM 1500

E 250

Die 250er sah der Z 500 sehr ähnlich, was nicht zuletzt an der Parallelogramm-Gabel und dem Antriebsblock mit getrenntem Getriebe lag. Auch der Rahmen mit dem Motorschuh war gleich, jetzt aber wieder in der Ausführung mit nur einem Oberrohr. Eine Primärkette leitete die Kraft an das Dreigang-Schaltwerk weiter, von dort aus trieb bei den Motorrädern ab 250 ccm Hubraum stets eine Kette das Hinterrad an. Das vordere Schutzblech verlief zunächst durchgängig nach unten, wurde aber später durch einen im rechten Winkel stehenden Spritzschutz ergänzt.

Bauart:	Motorrad
Modell:	E 250
Typ:	OM 250
Bauzeit:	1927/1928
Stückzahl:	ca. 8000
Kühlung:	Gebläse
Hubraum:	247 ccm
Bohrung/Hub:	68/68 mm
Schmierung:	1:20
Leistung:	6 PS
Getriebe:	3 Gänge, getrennt
Vergaser:	Framo, später Framo-E
Rahmenbauart:	Rohrrahmen, unten offen
Federung vorn:	Parallelogramm-Gabel mit Schraubenfeder
Federung hinten:	keine
Bremsen:	Innenbacken vorn und hinten
Reifen:	26 x 2,85
Höchstgeschw.:	78 km/h
Sitzplätze:	1 (2. Option)
Leergewicht:	90 kg
Preis:	–

E 300

Die 300er entsprach – abgesehen vom aufgebohrten Zylinder – in vielen Details der 250er. Eigenständigkeit bewies sie durch den größeren Tank (von der 500er) und den abnehmbaren Zylinderkopf aus Leichtmetall. Eine Reihe von Änderungen flossen im Laufe der Produktionszeit auch bei den kleineren Modellen ein: Die Speichen wurden direkt in der Nabe anstatt im zusätzlichen Speichenkranz eingehängt, den Rohrgepäckträger ersetzte ein Modell aus dünnem Winkelprofil, an das zwei Werkzeugkästen gehängt werden konnten und ein neuer Klemmkopf verbesserte die Verstellbarkeit des Lenkers.

Bauart:	Motorrad
Modell:	E 300
Typ:	OM 300
Bauzeit:	1928/1929
Stückzahl:	–
Kühlung:	Gebläse
Hubraum:	292,5 ccm
Bohrung/Hub:	74/68 mm
Schmierung:	1 : 20
Leistung:	8 PS
Getriebe:	3 Gänge, getrennt
Vergaser:	Framo-E
Rahmenbauart:	Rohrrahmen, unten offen
Federung vorn:	Parallelogramm-Gabel mit Schraubenfeder
Federung hinten:	keine
Bremsen:	Innenbacken vorn u. hinten
Reifen:	26 x 2,85
Höchstgeschw.:	80 km/h
Sitzplätze:	1 (2. Option)
Leergewicht:	100 kg
Preis:	RM 825 (1929)

ZSW 500

Da man in Zschopau die thermischen Probleme bei der Z 500, vor allem im linken Zylinder, nicht in den Griff bekam, entschlossen sich die Ingenieure, eine Wasserkühlung einzuführen. Diese erforderte ein neues Motorgehäuse und eine geänderte Kurbelwelle. Entgegen der bisher üblichen schwarzen Lackierung erschien die 500er meist in leuchtendem Rot mit goldener Linierung.

Bauart:	Motorrad
Modell:	ZSW 500
Typ:	ZSW 500
Bauzeit:	1928/1929
Stückzahl:	1000 (mit Z 500)
Kühlung:	Wasser (Thermosiphon)
Hubraum:	493,9 ccm
Bohrung/Hub:	2 x 68/68 mm
Schmierung:	1 : 20
Leistung:	14 PS
Getriebe:	3 Gänge, getrennt
Vergaser:	Framo-E
Rahmenbauart:	Rohrrahmen, unten offen
Federung vorn:	Parallelogramm-Gabel, unten offen
Federung hinten:	keine
Bremsen:	Innenbacken vorn und hinten
Reifen:	27 x 3,5 vorn, 27 x 3,85 hinten
Höchstgeschw.:	100 km/h
Sitzplätze:	1 (2. Option)
Leergewicht:	135 kg
Preis:	RM 1285 (1929)

Spezial 200

Diese 200er war auch und in erster Linie als Schüttoff L 200 auf den Markt gekommen, um für die zu Rasmussens Imperium gehörende Marke ein steuerfreies Motorrad anbieten zu können. Die Maschine hatte zwar noch den alten Einstecktank und den offenen Rohrrahmen, war aber ansonsten schon mit der Technik der Luxus-Modelle ausgerüstet. Die Rohrgabeln stammten anfangs noch von der E 250, wichen aber bald den Profilgabeln der neueren DKW-Generation. Auch konnten Auspuffbirnen verschiedener Größen angeschraubt worden. Übrigens bot DKW seit der E 200 für alle Modelle ab Werk einen Seitenwagen an, der mit RM 375,– zu Buche schlug.

Bauart:	Motorrad
Modell:	Spezial 200
Typ:	OM
Bauzeit:	1929
Stückzahl:	10 000
Kühlung:	Fahrtwind
Hubraum:	192,3 ccm
Bohrung/Hub:	60/68 mm
Schmierung:	1 : 20
Leistung:	4,5 PS
Getriebe:	3 Gänge, getrennt
Vergaser:	Framo-E
Rahmenbauart:	Rohrrahmen, unten offen
Federung vorn:	Parallelogramm-Gabel mit Schraubenfeder
Federung hinten:	keine
Bremsen:	Innenbacken vorn u. hinten
Reifen:	29 x 2,85
Höchstgeschw.:	75 km/h
Sitzplätze:	1 (2. Option)
Leergewicht:	90 kg
Preis:	RM 695

Luxus 200

Mit der werksintern ZS 200 genannten Maschine führte DKW 1929 einige wesentliche Änderungen – nicht nur bei der eigenen Marke sondern auch im gesamten Motorradbau – ein. So war das Verchromen von Nickelüberzügen bis dato ebenso wenig üblich wie der verschraubte Stahlblech-Pressrahmen. Dieser verlieh den neuen Motorradtypen, zusammen mit den ebenfalls gepressten Gabeln und dem Rot lackierten Tank (»Blutblase«), ein völlig neues Aussehen.

Die Antriebstechnik stammte weitestgehend von der E 200, wobei etwa 100 Fahrzeuge mit 175 ccm Hubraum gebaut wurden.
Trotz der Weltwirtschaftskrise verkaufte sich die Luxus 200 noch recht ordentlich.
Dafür blieben die Fahrzeuge allerdings auch recht spartanisch ausgestattet. Die Riemenfelgen konnten in drei verschiedenen Durchmessern geliefert werden. Für 20 Mark Aufpreis gab es eine Kette, die am Hinterrad auf einem Zahnkranz mit 65 oder 75 Zähnen lag. Die roten Tanks wurden am Ende der Produktionszeit verchromt.

Bauart:	Motorrad
Modell:	Luxus 200
Typ:	ZS 200
Bauzeit:	1929–1932
Stückzahl:	37 700
Kühlung:	Gebläse
Hubraum:	199,5 ccm
Bohrung/Hub:	63/64 mm
Schmierung:	1:15
Leistung:	4 PS
Getriebe:	2 Gänge, im Kurbelraum
Vergaser:	Framo E
Rahmenbauart:	Pressstahl-Profil
Federung vorn:	Parallelogramm-Gabel mit Schraubenfeder
Federung hinten:	keine
Bremsen:	Innenbacken vorn u. hinten
Reifen:	26 x 2,85
Höchstgeschw.:	70 km/h
Sitzplätze:	1 (2. Option)
Leergewicht:	85 kg
Preis:	RM 648 (Riemenantrieb), RM 668 (Kettenantrieb), 1929

Luxus 300

Die ab 1929 erhältliche Kombination aus dem Triebwerk der E 300 und dem neuen Pressstahl-Rahmen nannte sich Luxus 300. Natürlich hatte auch diese den roten Satteltank und – wie alle neuen DKW-Modelle – Drahtreifen anstelle der bisherigen Wulst-(Ballon)Bereifung. Die Tage des konservativen Triebwerks in dieser Klasse waren aber bereits gezählt, was der Luxus 300 nur knapp zwei Produktionsjahre bescherte.

Bauart:	Motorrad
Modell:	Luxus 300
Typ:	E 300
Bauzeit:	1929/1930
Stückzahl:	6000
Kühlung:	Fahrtwind
Hubraum:	292,5 ccm
Bohrung/Hub:	74/68 mm
Schmierung:	1:20
Leistung:	8 PS
Getriebe:	3 Gänge, getrennt
Vergaser:	Framo-E
Rahmenbauart:	Pressstahl-Profil
Federung vorn:	Parallelogramm-Gabel mit Schraubenfeder
Federung hinten:	keine
Bremsen:	Innenbacken vorn u. hinten
Reifen:	26 x 2,85
Höchstgeschw.:	80 km/h
Sitzplätze:	1 (2. Option)
Leergewicht:	100 kg
Preis:	RM 838

Super-Sport 500

Mit dem betont sportlich erscheinenden Rohrrahmen (der jetzt geschlossen war) erschien 1929 das bis dahin teuerste Zschopauer Motorrad. Die im Oktober 1929 beginnende Weltwirtschaftskrise führte aber zu massiven Verkaufsrückgängen, so dass diese bis 1932 gebaute Maschine in lediglich 1200 Exemplaren entstand. Trotz dieser kurzen Spanne war dieses Modell in unzähligen Details geändert worden. Erstmals war das Getriebe mit dem Motor verblockt, bei Produktionseinstellung hatte die Super-Sport eine 4-Gang-Kugelschaltung. Auch das wassergekühlte Triebwerk wurde im Laufe der Zeit u. a. mit einer neuen Kupplung (speziell für Seitenwagenbetrieb) und einem überarbeiteten Gehäuse versehen. Die ersten Motorräder dieses Typs leisteten noch 15 PS.

Bauart:	Motorrad
Modell:	Super-Sport 500
Typ:	PM 500 Sp. 29
Bauzeit:	1929 – 1932
Stückzahl:	ca. 1200
Kühlung:	Wasser (Thermosiphon)
Hubraum:	493,9 ccm
Bohrung/Hub:	2 x 68/68 mm
Schmierung:	1 : 20
Leistung:	18 PS
Getriebe:	3 oder 4 Gänge, angeblockt
Vergaser:	Meco, Framo-E, Framo-B
Rahmenbauart:	Rohrrahmen, geschlossen
Federung vorn:	Parallelogramm-Gabel mit Schraubenfeder
Federung hinten:	keine
Bremsen:	Innenbacken vorn u. hinten
Reifen:	26 x 3,5 vorn, 27 x 4,0 hinten
Höchstgeschw.:	120 km/h
Sitzplätze:	1 (2. Option)
Leergewicht:	175 kg
Preis:	RM 1385

Luxus 500 DKW

Zur Abrundung der Luxus-Modell-Palette nach oben kam 1929 die Luxus 500 auf den Markt. Basierend auf dem Triebwerk der Super-Sport versuchte man es erneut mit der Fahrtwind-kühlung. Doch trotz reduzierter Leistung, ein-zeln stehender Zylinderköpfe und Frischgas-zuführung (der so genannten Gasstromventila-tion) traten wieder thermische Probleme auf. Um die Maschine auch in schweren Zeiten ver-kaufen zu können, gab es zum Ende hin eine serienmäßige Beleuchtung mit 50-Watt-Luma-Anlage und verchromte Tanks.

Bauart:	Motorrad
Modell:	Luxus 500
Typ:	ZB 500
Bauzeit:	1929–1931
Stückzahl:	2000
Kühlung:	Fahrtwind
Hubraum:	493,9 ccm
Bohrung/Hub:	68/68 mm
Schmierung:	1:20
Leistung:	14 PS
Getriebe:	3 Gänge, angeblockt
Vergaser:	Meco, Framo-E, Framo-B
Rahmenbauart:	Pressstahl-Profil
Federung vorn:	Parallelogramm-Gabel mit Schraubenfeder
Federung hinten:	keine
Bremsen:	Innenbacken vorn u. hinten
Reifen:	26 x 3
Höchstgeschw.:	110 km/h
Sitzplätze:	1 (2. Option)
Leergewicht:	135 kg
Preis:	RM 1095

Luxus Spezial 200

DKW

Das vielfältige DKW-Angebot von 1929 wurde zum Jahresende noch um eine hubraum-reduzierte, steuerfreie Luxus 300 erweitert. Die Luxus Spezial 200 war am kleineren, nicht rot lackierten Tank und den nur drei Sicken im Auspufftopf zu erkennen.

Insgesamt war die Modellvielfalt bei DKW um 1930 herum, die sich durch die verschie-densten Kombinationsmöglichkeiten ergeben hatte, so groß, dass sich die meisten Händler kaum noch zurechtfanden.

Bauart:	Motorrad
Modell:	Luxus Spezial 200
Typ:	DS 200
Bauzeit:	1929–1932
Stückzahl:	10 000
Kühlung:	Fahrtwind
Hubraum:	192,3 ccm
Bohrung/Hub:	60/68 mm
Schmierung:	1 : 20
Leistung:	4,5 PS
Getriebe:	3 Gänge, getrennt
Vergaser:	Framo-E
Rahmenbauart:	Pressstahl-Profil
Federung vorn:	Parallelogramm-Gabel mit Schraubenfeder
Federung hinten:	keine
Bremsen:	Innenbacken vorn und hinten
Reifen:	26 x 2,85
Höchstgeschw.:	75 km/h
Sitzplätze:	1 (2. Option)
Leergewicht:	90 kg
Preis:	RM 585 (1932)

43

Volksrad ES 200

Bedingt durch die beginnende Weltwirtschaftskrise speckte DKW die sowieso schon nicht
sehr üppig ausgestattete Luxus 200 auf ein
Minimum ab. Nicht nur Schaltgetriebe und
Kickstarter fehlten, auch auf die inzwischen
zum Standard gewordene Innenbackenbremse
musste anfangs verzichtet werden. Selbst vom
Framo-E-Vergaser gab es nur eine Spar-Ver-
sion. Waren hier bisher Spritdurchlauf und
Gemischregulierung mittels zweier Bowdenzüge vom Lenker aus möglich, musste letztere
nun am Vergaser direkt eingestellt werden. Die
einheitlich schwarze Lackierung der Maschine
lockerten gelbe Zierlinien am Tank auf.

Bauart:	Motorrad
Modell:	Volksrad ES 200
Typ:	ZS 200/I
Bauzeit:	1929/1930
Stückzahl:	3000
Kühlung:	Fahrtwind
Hubraum:	199,5 ccm
Bohrung/Hub:	63/64 mm
Schmierung:	1:15
Leistung:	4 PS
Getriebe:	ohne
Vergaser:	Framo-E
Rahmenbauart:	Pressstahl-Profil
Federung vorn:	Parallelogramm-Gabel mit Schraubenfeder
Federung hinten:	keine
Bremsen:	Klotzbremse auf Riemenrad, ab Fahrgest.-Nr.180601 Innenbackenbremse vorn und hinten
Reifen:	26 x 2,25 oder 26 x 2,5
Höchstgeschw.:	65 km/h
Sitzplätze:	1
Leergewicht:	83 kg
Preis:	RM 485 (billigstes Motorrad in D)

ZiS / Z 200

Dieses Modell war ein wieder mit Schaltgetriebe und Zweihebelvergaser aufgewertetes Volksrad. Der Einfachst-Auspuff blieb ebenso erhalten wie die nicht mögliche Nachrüstung eines Sozius-Sattels. Einen Gepäckträger gab es nur für die letzten Ausführungen. Als »ZiS« (Zschopau in Sachsen) trug das Fahrzeug die entsprechenden Initialen auf Tank und hinterem Schutzblech, als Z 200 fand sich das übliche DKW-Emblem am Tank.
In geringen Stückzahlen gebaut und im ersten Leben meist gnadenlos verschlissen, sind die Billig-Motorräder der Wirtschaftskrisen-Zeit heute sehr rar.

Bauart:	Motorrad
Modell:	Zis / Z 200
Typ:	ZS 200/II
Bauzeit:	1929 – 1931
Stückzahl:	ca. 2000
Kühlung:	Fahrtwind
Hubraum:	199,5 ccm
Bohrung/Hub:	63/64 mm
Schmierung:	1 : 15
Leistung:	4 PS
Getriebe:	2 Gänge, im Kurbelraum
Vergaser:	Framo-E
Rahmenbauart:	Pressstahl-Profil
Federung vorn:	Parallelogramm-Gabel mit Schraubenfeder
Federung hinten:	keine
Bremsen:	Innenbacken vorn und hinten
Reifen:	26 x 2,5
Höchstgeschw.:	65 km/h
Sitzplätze:	1
Leergewicht:	83 kg
Preis:	RM 545

DKW-Schüttoff JS 500

Bauart:	Motorrad
Modell:	DKW-Schüttoff JS 500
Typ:	JS
Bauzeit:	1930 – 1932
Stückzahl:	660
Kühlung:	Fahrtwind
Hubraum:	498 ccm
Bohrung/Hub:	80/99 mm
Schmierung:	Pumpenumlauf (Viertakter)
Leistung:	14 PS
Getriebe:	3 Gänge, Block
Vergaser:	Graetzin
Rahmenbauart:	Pressstahl-Profil
Federung vorn:	Parallelogramm-Gabel mit Schraubenfeder
Federung hinten:	keine
Bremsen:	Innenbacken vorn und hinten
Reifen:	26 x 3,5
Höchstgeschw.:	110 km/h
Sitzplätze:	1 (2. Option)
Leergewicht:	150 kg
Preis:	RM 950 (1932)

Während in den Jahren 1929 bis 1933 eine Reihe von DKW-Motorrädern auch unter der – nicht mehr als Hersteller aktiven – Marke Schüttoff vertrieben wurden, gelangten auch einige Schüttoff-Konstruktionen unter DKW-Markenzeichen in den Handel. So zierte der Schriftzug DKW erstmals auch ein Viertakt-Motorrad, da Restbestände des Schüttoff-Motors G 500 in ein Pressstahl-Fahrgestell von DKW eingesetzt wurden. Die Schüttoff-Motorräder waren höherwertig ausgestattet als jene von DKW, weshalb Beleuchtungsanlagen meistens zur Serienausstattung gehörten. Die Zeiten waren für diese großen Motorräder aber denkbar schlecht und die Absatzzahlen entsprechend gering.

Luxus Sport 300

Dieses Modell war Vorreiter einer neuen Zschopauer Motorrad-Generation mit direkt am Motor angeblocktem Getriebe (was bisher nur bei den 500ern der Fall war). Ein Stirnradantrieb ersetzte die bisherige Primärkette, wie sie bei den Modellen mit getrenntem Getriebe üblich war. Außerdem wies das Getriebe eine Kugelschaltung und das Motorritzel einen Stoßfänger auf. Eine Dreischeiben-Korklamellenkupplung lief im Ölbad. Noch immer änderte sich an Zschopauer Motorrädern während der oft kurzen Bauzeit eine Menge. Bei der Luxus Sport 300 betraf das beispielsweise die mal festen, dann wieder abnehmbaren Zylinderköpfe, die Auspuffanlage, die später von den Block-Modellen übernommen wurde, die Umstellung von Wulst- auf Drahtreifen, die Achsen (verstärkt) samt Radlager. Eine Lichtanlage gehörte stets zum Serienumfang.

Bauart:	Motorrad
Modell:	Luxus Sport 300
Typ:	EB 300
Bauzeit:	1930/1931
Stückzahl:	ca. 3000
Kühlung:	Fahrtwind
Hubraum:	292,5 ccm
Bohrung/Hub:	74/68 mm
Schmierung:	1 : 20
Leistung:	9 PS
Getriebe:	3 Gänge, Block
Vergaser:	Framo-E, Framo-B
Rahmenbauart:	Pressstahl-Profil
Federung vorn:	Parallelogramm-Gabel mit Schraubenfeder
Federung hinten:	keine
Bremsen:	Innenbacken vorn und hinten
Reifen:	26 x 3,5
Höchstgeschw.:	90 km/h
Sitzplätze:	1 (2. Option)
Leergewicht:	150 kg
Preis:	RM 1050

KM 175

Die beinahe unüberschaubare Modellflut um 1930 herum wurde durch ein weiteres Billig-Modell, die KM 175, noch verstärkt. Ein neuer, leichter Rohrrahmen in Verbindung mit dem seit Mitte der zwanziger Jahre produzierten 4-PS-Motor ergaben eine neue Maschine, die sich ordentlich verkaufte. Das lag auch an der guten Serienausstattung mit Lichtanlage, Gepäckträger, Kickstarter, Werkzeugtrommel, Luftpumpe und Trockenbatterie für das Stand-licht. 32 KM-Exemplare wurden für RM 370,– mit dem 3 PS starken 125-ccm-Motor ver-kauft. Die letzten 300 KM erhielten 1933 den 3-Gang-Block-Motor der Block 175.

Bauart:	Motorrad
Modell:	KM 175
Typ:	KM 175
Bauzeit:	1930–1933
Stückzahl:	5000
Kühlung:	Fahrtwind
Hubraum:	175 ccm
Bohrung/Hub:	59/64 mm
Schmierung:	1:15
Leistung:	4 PS
Getriebe:	2 Gänge, im Kurbelraum
Vergaser:	Framo-B
Rahmenbauart:	Rohrrahmen, geschlossen
Federung vorn:	Parallelogramm-Gabel mit Schraubenfeder
Federung hinten:	keine
Bremsen:	Innenbacken vorn u. hinten
Reifen:	25 x 2,75
Höchstgeschw.:	70 km/h
Sitzplätze:	1
Leergewicht:	70 kg
Preis:	RM 440

Block 200

Mehr auf Qualität und gute Optik setzte DKW ab 1931 bei den Block-Modellen. Die kleinste Ausführung war wieder die steuerfreie 200er, deren Vergaser seitlich, links am Zylinder saß. Dreigang-Getriebe und Kickstarter waren im kompakten Leichtmetallblock integriert. Schon ab der 200er hatten alle Modelle zwei Auspuffanlagen. Die Beleuchtung mit dem konventionellen Trommelscheinwerfer war wieder, wie bei den meisten neuen Modellen, serienmäßig. 100 Fahrzeuge entstanden mit 250 ccm Hubraum.

Bauart:	Motorrad
Modell:	Block 200
Typ:	TB 200
Bauzeit:	1931/1932
Stückzahl:	13 000 (inkl. Block 300 und Modelle mit Umkehrspülung)
Kühlung:	Fahrtwind
Hubraum:	192,3 ccm
Bohrung/Hub:	60/68 mm
Schmierung:	1 : 20
Leistung:	6 PS
Getriebe:	3 Gänge, Block
Vergaser:	Amal, Framo-B
Rahmenbauart:	Pressstahl-Profil
Federung vorn:	Parallelogramm-Gabel mit Schraubenfeder
Federung hinten:	keine
Bremsen:	Innenbacken vorn u. hinten
Reifen:	3 x 25
Höchstgeschw.:	80 km/h
Sitzplätze:	1 (2. Option)
Leergewicht:	120 kg
Preis:	RM 775

Block 300

Die 300er war fahrwerksseitig nahezu mit der Block 200 identisch. Der Unterschied war am Motorblock erkennbar. Hier saß der Vergaser jetzt wieder hinter dem Zylinder, außerdem hatte das Motorrad einen anderen Getriebedeckel: Im Gegensatz zur kleineren Maschine verfügte die hubraumstärkere 300er über einen Stoßdämpfer (Ruckdämpfer), der auf dem Ende der Kurbelwelle (Antriebsritzel) platziert war. Ab 1933 mit Motor-Nr. 333002 wurden Block 200 und 300 auf die neue Umkehrspülung nach dem Schnürle-Prinzip umgestellt. Der Vergaser war hier auch bei der 200er hinter den Zylinder gerückt und der Zylinder war seitlich links und rechts mit kleinen Alu-Guss-Deckeln versehen. Der Scheinwerfer hatte eine modernere Form bekommen und am Heck gab es ein Kennzeichenschild mit Beleuchtung. Die 200er war (erstmalig auf der Welt!) in ihrem letzten Jahr auch mit einem elektrischen Anlasser lieferbar (2100 Fahrzeuge sind damit ausgerüstet worden). Diese Fahrzeuge waren an der größeren Batterie, dem größeren Lichtmaschinen-Gehäuse und dem neben der Batterie befindlichen Anlassschalter zu erkennen. Die Leistung der Blockmodelle wurde mit 7 PS (200 ccm) und 8,5 PS (300 ccm) angegeben.

Bauart:	Motorrad
Modell:	Block 300
Typ:	TB 300
Bauzeit:	1931/1932
Stückzahl:	13 000 (inkl. Block 200 und Modelle mit Umkehrspülung)
Kühlung:	Fahrtwind
Hubraum:	292,5 ccm
Bohrung/Hub:	74/68 mm
Schmierung:	1:20
Leistung:	8 PS
Getriebe:	3 Gänge, Block
Vergaser:	Amal, Framo-B
Rahmenbauart:	Pressstahl-Profil
Federung vorn:	Parallelogramm-Gabel mit Schraubenfeder
Federung hinten:	keine
Bremsen:	Innenbacken vorn u. hinten
Reifen:	26 x 3,5
Höchstgeschw.:	90 km/h
Sitzplätze:	1 (2. Option)
Leergewicht:	150 kg
Preis:	RM 825

Sport 500

Die Sport 500 verdankte ihr Dasein der Luxus 500, deren thermische Probleme nicht in den Griff zu bekommen waren. Also gab es wieder eine Wasserkühlung mit entsprechend geändertem Triebwerk. Bereits produzierte Luxus 500 wurden im Nachhinein umgerüstet und mit dem Motor der Super Sport 500, jetzt mit Fußkupplungshebel, versehen. Dadurch sahen die beiden Modelle nahezu identisch aus. Dazu kommt, dass es an den einzelnen Maschinen ständig Änderungen gab, weil verschiedene Lagerbestände aufgebraucht wurden. Eine eindeutige Modellidentifizierung ist also heute ausgesprochen schwierig.

Bauart:	Motorrad
Modell:	Sport 500
Typ:	ZBW 500
Bauzeit:	1931/1932
Stückzahl:	300
Kühlung:	Wasser (Thermosiphon)
Hubraum:	493,9 ccm
Bohrung/Hub:	2 x 68/68 mm
Schmierung:	1 : 20
Leistung:	18 PS
Getriebe:	3 Gänge, Block
Vergaser:	Framo-B
Rahmenbauart:	Pressstahl-Profil
Federung vorn:	Parallelogramm-Gabel mit Schraubenfeder
Federung hinten:	keine
Bremsen:	Innenbacken vorn u. hinten
Reifen:	26 x 3,50
Höchstgeschw.:	120 km/h
Sitzplätze:	1 (2. Option)
Leergewicht:	160 kg
Preis:	RM 1195

Block 350

Das Modell Block 350 folgte der Luxus Sport 300 und besaß als erstes DKW-Motorrad ab Motor-Nr. 284752 die Schnürle-Umkehrspülung. Bis dahin hatten die quer gespülten Motoren eine ebenfalls nicht alltägliche Membran-Einlass-Steuerung, die, technisch noch nicht ganz ausgereift, immer wieder für Probleme sorgte. Nicht zuletzt deshalb hielt sich die produzierte Stückzahl für dieses sonst schmucke Motorrad in überschaubaren Grenzen.

Bauart:	Motorrad
Modell:	Block 350
Typ:	UB 350
Bauzeit:	1931/1932
Stückzahl:	758
Kühlung:	Fahrtwind
Hubraum:	344,8 ccm
Bohrung/Hub:	76/76 mm
Schmierung:	1:20
Leistung:	11 PS
Getriebe:	3 Gänge, Block
Vergaser:	Framo-B
Rahmenbauart:	Pressstahl-Profil
Federung vorn:	Parallelogramm-Gabel mit Schraubenfeder
Federung hinten:	keine
Bremsen:	Innenbacken vorn u. hinten
Reifen:	26 x 3,50
Höchstgeschw.:	100 km/h
Sitzplätze:	1 (2. Option)
Leergewicht:	148 kg
Preis:	RM 945

Super-Sport 600

600 ccm wiesen die ersten DKW-Frontantriebswagen auf, die zu Beginn der dreißiger Jahre schnell zu den meistgekauften Kleinwagen in Deutschland gehörten. Mit dem Zylinderblock

dieser Wagen ausgestattete 500er mit Rohrrahmen mutierten zur Super-Sport 600 und wurden damit zum hubraumgrößten Motorrad, das DKW je gebaut hat. Die große 600er wurde in der Werbung immer wieder als die ideale Beiwagenmaschine herausgestellt. Wie die 500er war sie ab Werk mit Seitenwagen lieferbar. Die Preise bewegten sich, je nach Ausstattung des Schiffes, um etwa RM 400,–.

Bauart:	Motorrad
Modell:	Super-Sport 600
Typ:	PM Sp. 29
Bauzeit:	1930–1933
Stückzahl:	–
Kühlung:	Wasser (Thermosiphon)
Hubraum:	584,9 ccm
Bohrung/Hub:	2 x 74/68 mm
Schmierung:	1 : 20
Leistung:	22 PS
Getriebe:	3 Gänge, Block
Vergaser:	Framo-B
Rahmenbauart:	Rohrrahmen
Federung vorn:	Parallelogramm-Gabel mit Schraubenfeder
Federung hinten:	keine
Bremsen:	Innenbacken vorn u. hinten
Reifen:	26 x 3,50
Höchstgeschw.:	130 km/h
Sitzplätze:	1 (2. Option)
Leergewicht:	175 kg
Preis:	RM 1295

TM 200

Bei dieser Maschine handelte es sich faktisch um eine Luxus Spezial 200, jetzt in einen Profilrahmen gesetzt und mit diversen Teilen versehen, deren Verfallsdatum überschritten war und die einfach mal raus mussten. Auf das Gehäuse des alten Motors war der Zylinder der Block 200 gesetzt und auch deren Licht- und Auspuffanlage verwendet worden.
74 Maschinen aus der Serie erhielten einen Zylinder mit 250 ccm Hubraum, auch einige 300er hat es gegeben.
Wie viele der hier vorgestellten Maschinen ist auch die TM 200 im Motorradmuseum Augustusburg zu bewundern.

Bauart:	Motorrad
Modell:	TM 200
Typ:	TM 200
Bauzeit:	1932/1933
Stückzahl:	850
Kühlung:	Fahrtwind
Hubraum:	192,3 ccm
Bohrung/Hub:	60/68 mm
Schmierung:	1 : 20
Leistung:	6 PS
Getriebe:	3 Gänge, getrennt
Vergaser:	Framo-B
Rahmenbauart:	Pressstahl-Profil
Federung vorn:	Parallelogramm-Gabel mit Schraubenfeder
Federung hinten:	keine
Bremsen:	Innenbacken vorn u. hinten
Reifen:	25 x 3
Höchstgeschw.:	80 km/h
Sitzplätze:	1 (2. Option)
Leergewicht:	125 kg
Preis:	–

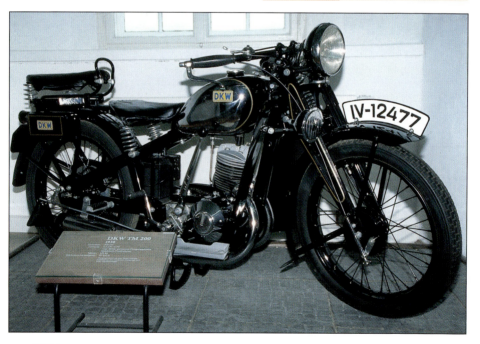

Sport 350

Gegenüber der Block 350 hatte das Sport-Modell einige Neuerungen aufzuweisen, die inzwischen bei DKW zum Standard bei den höherwertigen Maschinen gehörten: glatt-flächiges Motor- und Getriebe-Gehäuse, sport-licher Rohrlenker mit Armaturenblech und die hintere Hälfte des Heckkotflügels klappbar zum einfacheren Radwechsel. Ab Motor-Nr. 354001 bekam die Maschine ein Viergang-Getriebe und gleichzeitig den schon bekannten Kupp-lungs-Fußhebel.

Bauart:	Motorrad
Modell:	Sport 350
Typ:	UBS 350
Bauzeit:	1933
Stückzahl:	1720
Kühlung:	Fahrtwind
Hubraum:	344,8 ccm
Bohrung/Hub:	76/76 mm
Schmierung:	1 : 20
Leistung:	11 PS
Getriebe:	3 (4) Gänge, Block
Vergaser:	Framo-B, Amal
Rahmenbauart:	Pressstahl-Profil
Federung vorn:	Parallelogramm-Gabel mit Schraubenfeder
Federung hinten:	keine
Bremsen:	Innenbacken vorn u. hinten
Reifen:	26 x 3,50
Höchstgeschw.:	100 km/h
Sitzplätze:	1 (2. Option)
Leergewicht:	148 kg
Preis:	–

Block 175

Zur Abrundung der Block-Palette nach unten entstand, nur für das Jahr 1933, noch eine 175er mit Motor-Getriebe-Block und Umkehrspülung. Mit Rohrrahmen und leichter Blechprofil-Gabel war das Fahrgestell neu konzipiert worden. Eine elektrische Anlage gehörte auch bei der Kleinsten zur Serienausstattung.
1933 hatte die Motorradfertigung bei DKW ihren Tiefpunkt erreicht. Nicht zuletzt deshalb überlebten einige Modelle, die in diesem Jahr erst eingeführt worden waren, den Jahreswechsel auf dem Fließband nicht.

Bauart:	Motorrad
Modell:	Block 175
Typ:	Block 175
Bauzeit:	1933
Stückzahl:	2150
Kühlung:	Fahrtwind
Hubraum:	175 ccm
Bohrung/Hub:	59/64 mm
Schmierung:	1 : 20
Leistung:	5,5 PS
Getriebe:	3 Gänge, Block
Vergaser:	Amal
Rahmenbauart:	Rohrrahmen, geschlossen
Federung vorn:	Parallelogramm-Gabel mit Schraubenfeder
Federung hinten:	keine
Bremsen:	Innenbacken vorn u. hinten
Reifen:	25 x 3
Höchstgeschw.:	75 km/h
Sitzplätze:	1 (2. Option)
Leergewicht:	95 kg
Preis:	–

BM 200

Die dritte 200er, die 1933 im Angebot war, fußte auf der Block 175 mit dem leichten Rohrrahmen-Fahrgestell. Der Motor (mit Umkehrspülung) hatte lediglich einen größeren Zylinder. Mit dem neuen Gepäck/Sozius-Träger, der künftig an den meisten DKW´s zu finden war, wanderte der Werkzeugkasten ins hintere Rahmenteil auf der linken Seite.
Auch dieses Modell wurde nur eine Saison lang auf's Band gelegt.

Bauart:	Motorrad
Modell:	BM 200
Typ:	BM 200
Bauzeit:	1933
Stückzahl:	1100
Kühlung:	Fahrtwind
Hubraum:	199,5 ccm
Bohrung/Hub:	63/64 mm
Schmierung:	1 : 20
Leistung:	6,5 PS
Getriebe:	3 Gänge, Block
Vergaser:	Amal
Rahmenbauart:	Rohrrahmen, geschlossen
Federung vorn:	Parallelogramm-Gabel mit Schraubenfeder
Federung hinten:	keine
Bremsen:	Innenbacken vorn u. hinten
Reifen:	25 x 3
Höchstgeschw.:	85 km/h
Sitzplätze:	1 (2. Option)
Leergewicht:	95 kg
Preis:	–

Block 500

Nach oben hin konnte die Block-Reihe mit einer 500er aufgewertet werden, die erstmals problemlos ohne Wasserkühlung auskam – dank der Umkehrspülung mit den neuen Leichtmetall-Kolben mit flachem Kopf (vorher Nase an der Kolbenspitze). In einer Linie mit den anderen Block-Modellen gestaltet, wies die große Maschine außerdem serienmäßig ein Viergang-Getriebe und den Dynastart-Anlasser auf. Das war Luxus pur im innerhalb der Auto Union wieder aufstrebenden Unternehmen.

Bauart:	Motorrad
Modell:	Block 500
Typ:	Block 500
Bauzeit:	1933
Stückzahl:	300
Kühlung:	Fahrtwind
Hubraum:	493,9 ccm
Bohrung/Hub:	2 x 68/68 mm
Schmierung:	1 : 20
Leistung:	15 PS
Getriebe:	4 Gänge, Block
Vergaser:	Amal
Rahmenbauart:	Pressstahl-Profil
Federung vorn:	Parallelogramm-Gabel mit Schraubenfeder
Federung hinten:	keine
Bremsen:	Innenbacken vorn u. hinten
Reifen:	26 x 3,5
Höchstgeschw.:	115 km/h
Sitzplätze:	1 (2. Option)
Leergewicht:	180 kg
Preis:	–

KM 200 /
KM 200 Luxus

Die KM 200 läutete eine neue Ära der DKW-Motorrad-Geschichte ein. Sie steht am Anfang der Reduzierung der Typenvielfalt und markiert den Beginn als Großserienhersteller: Die Handschrift der neuen Auto Union war deutlich zu erkennen. 1934 bildete die KM 200 den Einstieg ins DKW-Programm. Sie war eigentlich eine Mischung aus KM 175 (Fahrwerk) und Block 175 (Triebwerk). Im Gegensatz zu den anderen Zweihundertern mussten KM-Fahrer mit einem Zündlicht-Magneten und einer Einport-Auspuffanlage auskommen. Wer das Luxus-Modell orderte, hatte einen größeren Scheinwerfer, Akkus mit Gleichrichter, ein elektrisches Horn, einen verchromten Tank (beim einfachen Modell Tankseiten hell lackiert) und einen Steuerungsdämpfer.

Bauart:	Motorrad
Modell:	KM 200 / KM 200 Luxus
Typ:	KM 200 A / KM 200 A Luxus
Bauzeit:	1934 – 1936
Stückzahl:	10 000
Kühlung:	Fahrtwind
Hubraum:	199,5 ccm
Bohrung/Hub:	63/64 mm
Schmierung:	1 : 20
Leistung:	6 PS
Getriebe:	3 Gänge, Block
Vergaser:	Amal
Rahmenbauart:	Pressstahl-Profil
Federung vorn:	Parallelogramm-Gabel mit Schraubenfeder / Steuerungs-dämpfer
Federung hinten:	keine
Bremsen:	Innenbacken vorn und hinten
Reifen:	25 x 2,75
Höchstgeschw.:	85 km/h
Sitzplätze:	1 (2. Option)
Leergewicht:	90 kg
Preis:	RM 495 / 540

SB 200 / SB 200 Luxus

Hochwertiger fuhr man in der 200er Klasse mit der SB 200, die sich zu Beginn ihrer Bauzeit kaum von der Block 200 unterschied. Neu waren praktisch nur der Rohrlenker, die von innen nach außen laufenden Handhebel und der aus den größeren Motoren bekannte Ruck-dämpfer auf der Kurbelwelle. Wie bei allen SB- und späteren KS-Modellen befanden sich die Zündspulen im so genannten Spulenkasten, der zusammen mit Zünd/Lichtschalter und Regler/Schalter-Kombination am Batterieträger befestigt war. Die Luxus-Ausführung besaß demontier-bare und verchromte Auspufftöpfe, eine Dyna-startanlage und einen Armaturenträger mit Tacho und Uhr am Lenker. U. a. an Schutz-blechen und Gepäckträger erfuhr die 200er während ihrer Bauzeit zahlreiche Detailände-rungen. Mittels geänderter Zylinderbohrungen (68 und 74 mm) wurden einige 250- und 300-ccm-Maschinen mit gleichem Fahrgestell gefertigt.

Bauart:	Motorrad
Modell:	SB 200 (300) / SB 200 Luxus
Typ:	SB 200 (300) / SB 200 Luxus
Bauzeit:	1933 – 1936
Stückzahl:	20 400
Kühlung:	Fahrtwind
Hubraum:	192,3 (292) ccm
Bohrung/Hub:	60/68 (74/68) mm
Schmierung:	1 : 20
Leistung:	7 (9) PS
Getriebe:	3 Gänge, Block
Vergaser:	Graetzin, Amal
Rahmenbauart:	Pressstahl-Profil
Federung vorn:	Parallelogramm-Gabel mit Schraubenfeder
Federung hinten:	keine
Bremsen:	Innenbacken vorn u. hinten
Reifen:	25 x 3
Höchstgeschw.:	90 (100) km/h
Sitzplätze:	1 (2. Option)
Leergewicht:	115 (120) kg
Preis:	RM 666 (–) / 795

SB 350

Der gedrungene, meist vollverchromte Tank, an dessen rechter Seite nun bei allen Modellen eine Schaltkulisse angebracht war, und der kurze Pressstahlrahmen kennzeichneten die SB-Reihe der ersten Serie. Neben mehr Hubraum unterschied sich die 350er durch mehr Chromteile und die serienmäßigen Armaturen (Tacho, Amperemeter) von der normalen 200er. Einige Anbauteile änderten sich auch hier im Laufe der Produktionszeit. Die SB 350 wurde auch in einer serienmäßigen Geländesportausführung angeboten. Diese wies eine kombinierte Hand- und Fußschaltung auf, hatte durch höhergelegte Fußrasten und Abgasrohre mehr Bodenfreiheit, sportlichere Kotflügel, eine hintere Steckachse,

Bauart:	Motorrad
Modell:	SB 350
Typ:	SB 350
Bauzeit:	1934 – 1936
Stückzahl:	12 000
Kühlung:	Fahrtwind
Hubraum:	344,8 ccm
Bohrung/Hub:	76/76 mm
Schmierung:	1 : 20
Leistung:	11 PS
Getriebe:	3 Gänge, Block
Vergaser:	Amal
Rahmenbauart:	Pressstahl-Profil
Federung vorn:	Parallelogramm-Gabel mit Schraubenfeder
Federung hinten:	keine
Bremsen:	Innenbacken vorn u. hinten
Reifen:	26 x 3,25
Höchstgeschw.:	110 km/h
Sitzplätze:	1 (2. Option)
Leergewicht:	130 kg
Preis:	RM 850

einen Tachometer mit Tageszähler, eine Zeituhr sowie Geländebereifung vorn und hinten. 925 Reichsmark waren 1935 dafür zu bezahlen.

SB 500

Gegenüber der Block 500 waren für die neue SB 500, deren Parallel-Twin-Motor dank Umkehrspülung natürlich auch keine Wasserkühlung benötigte, eine neue Sattelfederung und eine neue Vorderrad-Gabel entwickelt worden. Diese war am geschlossenen Profil zu erkennen, das der Gabel, zusammen mit den verstärkten Schwinghebeln, mehr Verwindungssteifheit brachte. Steckachse und aufklappbarer hinterer Kotflügel hatte die 500er serienmäßig. Natürlich gab es auch die hubraumgrößte Zschopauer Maschine in einer Luxus-Version. Für die SB 500 Luxus mit Doppelscheinwerfer, verchromten Auspufftöpfen und vor allem der Dynastartanlage mussten 1125 Reichsmark bezahlt werden. Ob Luxus- oder Normalversion, die SB 500 wurde als besonders seitenwagentauglich empfohlen. Mit dem formschönen Beiboot von Stoye konnte die Zweizylindermaschine ab Werk geordert werden. Je nach Ausführung des Seitenwagens (z. B. mit oder ohne Schwingachse) wurden zwischen RM 195,– und 425,– zusätzlich fällig.

Bauart:	Motorrad
Modell:	SB 500
Typ:	SB 500
Bauzeit:	1934 – 1936
Stückzahl:	6300
Kühlung:	Fahrtwind
Hubraum:	493,9 ccm
Bohrung/Hub:	2 x 68/68 mm
Schmierung:	1 : 20
Leistung:	15 PS
Getriebe:	3 Gänge, Block
Vergaser:	Amal
Rahmenbauart:	Pressstahl-Profil
Federung vorn:	Parallelogramm-Gabel mit Schraubenfeder
Federung hinten:	keine
Bremsen:	Innenbacken vorn u. hinten
Reifen:	26 x 3,5
Höchstgeschw.:	120 km/h
Sitzplätze:	1 (2. Option)
Leergewicht:	165 kg
Preis:	RM 995

RT 100

Dem aufkommenden Motor-Fahrrad-Boom in Deutschland setzte DKW die RT 100 – mit Dreigang-Getriebe, Kickstarter und Fußrasten ein vollwertiges Motorrad – zu einem konkurrenzlos günstigen Preis entgegen. 1936, noch vor Einführung der RT 3 PS, wurde die kleine 100er überarbeitet. Die Hohlprofil-Gabel mit Schraubenfeder wurde durch eine Gabel mit offenem Profil und Neimann-Gummifederung ersetzt. Nach nur 200 Exemplaren tauschte man den freien Schalthebel gegen eine Kulissenschaltung aus. Die Maschine war grundsätzlich schwarz lackiert und mit unterschiedlich gestalteten Tankspiegeln (u. a. hell lackiert) sowie doppelter oder einfacher, weißer oder goldener Linierung versehen.

Bauart:	Leichtmotorrad
Modell:	RT 100
Typ:	Reichs-Typ 100, 2½ PS
Bauzeit:	1934 – 1936
Stückzahl:	10 000
Kühlung:	Fahrtwind
Hubraum:	98,2 ccm
Bohrung/Hub:	50/50 mm
Schmierung:	1 : 20
Leistung:	2,5 PS
Getriebe:	3 Gänge, getrennt in gemeins. Gehäuse
Vergaser:	Graetzin, Amal
Rahmenbauart:	Einrohr-Rahmen, geschlossen
Federung vorn:	Parallelogramm-Gabel mit Schraubenfeder (1936 Gummifeder)
Federung hinten:	keine
Bremsen:	Innenbacken vorn u. hinten
Reifen:	26 x 2,25
Höchstgeschw.:	55 km/h
Sitzplätze:	1
Leergewicht:	45 kg
Preis:	RM 345

KM 200

Mit dem Modelljahr 1935/36 erfuhr die KM noch einmal eine Überarbeitung. Der Motor erhielt die auch sonst bei den 200ern übliche Doppelportanlage und eine Batteriezündung. Die gegossenen Außenzughebel am Lenker wichen von innen nach außen ragenden Blechhebeln. Im Laufe der Serie änderten sich außerdem Vergaser (Bing) und Spulenkasten (ab Motor-Nr. 575244) und neben dem Framo-Sattel mit Filzpolsterung kam auch der einfachere Drilastic-Sattel mit Gummidecke zur Anwendung. Das Fahrzeug war vollkommen in Schwarz gehalten.

Bauart:	Motorrad
Modell:	KM 200
Typ:	KM 200 Modell 35/36
Bauzeit:	1935/36
Stückzahl:	20 400
Kühlung:	Fahrtwind
Hubraum:	199,5 ccm
Bohrung/Hub:	63/64 mm
Schmierung:	1 : 20
Leistung:	6 PS (7 PS 1936)
Getriebe:	3 Gänge, Block
Vergaser:	Graetzin, Bing
Rahmenbauart:	Pressstahl-Profil
Federung vorn:	Parallelogramm-Gabel mit Schraubenfeder
Federung hinten:	keine
Bremsen:	Innenbacken vorn u. hinten
Reifen:	25 x 2,75
Höchstgeschw.:	90 km/h
Sitzplätze:	1 (2. Option)
Leergewicht:	98 kg
Preis:	RM 540

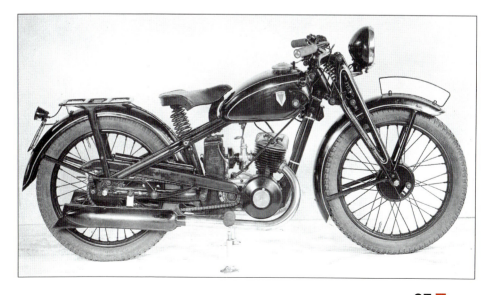

RT 3 PS

Auch die kleine Hunderter erfuhr im Modelljahr 1936 einige Detailänderungen. Vor allem konnte durch einen neuen Zylinder (erkennbar an der größeren Verrippung) die Leistung um ein halbes PS gesteigert werden. Dazu verliehen ein neuer, formschöner Lampentopf und ein Schwingensymbol auf den Tankseiten der Maschine eine flüssigere Linie. Für den Export konnten die Tanks auch verchromt oder anders-

Bauart:	Leichtmotorrad
Modell:	RT 3 PS
Typ:	RT 3 PS
Bauzeit:	1936–1940
Stückzahl:	61 850
Kühlung:	Fahrtwind
Hubraum:	98,2 ccm
Bohrung/Hub:	50/50 mm
Schmierung:	1 : 20
Leistung:	3 PS
Getriebe:	3 Gänge, getrennt in gemeins. Gehäuse
Vergaser:	Amal, Graetzin, Bing
Rahmenbauart:	Einrohr-Rahmen, geschlossen
Federung vorn:	Parallelogram-Gabel mit Gummifederung
Federung hinten:	keine
Bremsen:	Innenbacken, vorn u. hinten
Reifen:	26 x 2,25 (19 x 2,5)
Höchstgeschw.:	65 km/h
Sitzplätze:	1
Leergewicht:	50 kg
Preis:	RM 345

farbig lackiert geliefert werden. Alternativ waren auch 19-Zoll-Räder oder ein Dekompressionsventil zu haben. Ab Motor-Nr. 864201 lieferte ein neuer Zündlichtmagnet 6 statt bisher 4 Volt Lichtspannung. Insgesamt wurden 75 Maschinen mit Pedaltrieb gefertigt und verkauft.

Nach den verschiedenen Modellen der RT 125, die von 1949–1957 gebaut wurden, war die RT 3 PS das meistverkaufte DKW-Motorrad aller Zeiten.

SB 200 / SB 200 A

Im insgesamt überarbeiteten DKW-Programm stand die SB-Reihe und hier wiederum die meistverkaufte SB 200 im Mittelpunkt. Die Maschinen machten dank verlängertem Fahrgestell und flacheren, tropfenförmigeren Tanks eine sehr gute Figur. Auch sonst hatte es eine Reihe von Veränderungen, angefangen von der Lampenhalterung über den dünneren Lenker mit neuen (vollen) Handhebeln bis zu den demontierbaren Auspufftöpfen, gegeben. An der Antriebseinheit stellte die Kupplungsbetätigung mittels Gewindespindel (der bisherige Antriebsstoßdämpfer ent-

fiel) die wichtigste Neuerung dar. Die SB 200 A verfügte wieder über einen elektrischen Anlasser, der bei DKW aus der üblichen Dynastartanlage bestand. Zwischen Luftfilter und hinterem Schutzblech blieb kaum ein Millimeter ungenutzt, um die umfangreiche Start-Elektrik unterzubringen. 1937, die Materialkontingentierungen im Zuge der Aufrüstung der Wehrmacht setzten ein, konnten die Tanks nicht mehr verchromt werden. Zwei blanke Streifen poliertes Hydronalium hüben und drüben mussten fortan ausreichen. Dafür wurde ein Kniekissen eingeführt.

Bauart:	Motorrad
Modell:	SB 200
Typ:	SB 200 Modell 1936
Bauzeit:	1936–1938
Stückzahl:	40 000
Kühlung:	Fahrtwind
Hubraum:	192,3 ccm
Bohrung/Hub:	60/68 mm
Schmierung:	1 : 25
Leistung:	7 PS
Getriebe:	3 Gänge, Block
Vergaser:	Graetzin, Amal
Rahmenbauart:	Pressstahl-Profil
Federung vorn:	Parallelogramm-Gabel mit Schraubenfeder
Federung hinten:	keine
Bremsen:	Innenbacken vorn u. hinten
Reifen:	19 x 3
Höchstgeschw.:	90 km/h
Sitzplätze:	1 (2. Option)
Leergewicht:	125 kg (200 A 140 kg)
Preis:	RM 666 (200 A RM 725)

SB 250 / Sport 250

Ab 1. Oktober 1938 trat eine neue Reichsstraßenverkehrsordnung in Kraft, wonach unter anderem für Motorräder bis 250 ccm Hubraum der Führerschein Klasse 4 gefordert wurde. Damit waren die bisher dominanten 200 ccm nicht mehr das Maß aller Dinge und DKW erhöhte schon ab März den Hubraum der SB 200 auf 250 ccm. Die 200 A blieb davon unberührt. Im Dezember lief dann die kleine SB-Reihe zugunsten der neuen NZ aus.

Den Motor mit 250 ccm hatte es schon zuvor gegeben. Denn mit der neuen SB-Reihe erschien ab 1936 auch eine Sportversion in dieser Hubraum-Klasse. Im Unterschied zu den SB-Modellen hatte die Sportausführung einen Rahmenunterzug unter dem Motor, eine verstärkte Kupplung (drei Lamellen), einen Amal-Sportgasgriff und eine kombinierte Hand-Fußschaltung. Die Maschine war gegen Aufpreis auch in Geländeausführung, u. a. mit hochgezogenem Auspuff lieferbar.

Bauart:	Motorrad
Modell:	SB 250 / Sport 250
Typ:	SB 250 / Sport 250
Bauzeit:	1938 / 1936 – 1938
Stückzahl:	33 000 / 7800
Kühlung:	Fahrtwind
Hubraum:	247 ccm
Bohrung/Hub:	68/68 mm
Schmierung:	1 : 25
Leistung:	9 PS
Getriebe:	3 Gänge, Block
Vergaser:	Amal
Rahmenbauart:	Pressstahl-Profil / mit Unterzug
Federung vorn:	Parallelogramm-Gabel mit Schraubenfeder
Federung hinten:	keine
Bremsen:	Innenbacken vorn u. hinten
Reifen:	19 x 3
Höchstgeschw.:	95 km/h
Sitzplätze:	1 (2. Option)
Leergewicht:	135 kg
Preis:	RM 685 / RM 725

SB 350 /
SB 300 L

Auch die 350er kam 1936 in den Genuss
der gestreckten Linie – auf der Abbildung hier
übrigens mit der typischen Tankverchromung
aller SB-Modelle des Jahres 1936. Der
Rahmen hatte den Unterzug der Sport 250.
Die immer wieder ihrer Sportlichkeit wegen
gerühmte Maschine war ab Oktober 1936 auch
seitenwagenfest und konnte ab Werk mit dem
Stoye-Modell HS-Standard geliefert werden.
1937 tauchte auch kurzzeitig eine SB 300 L
auf, die in etwa die Ausstattung der normalen
SB 200 aufwies, also im Gegensatz zur 350er
u. a. auf den aufklappbaren Hinterrad-Kotflügel,
die massiven Außenzughebel und den größeren Scheinwerfer verzichten musste. Ab Modell
37 hatte die 350er eine kombinierte Hand-
Fußschaltung.

Bauart:	Motorrad
Modell:	SB 350 / SB 300 L
Typ:	SB 350 Mod. 36, SB 350/37/ SB 300 L
Bauzeit:	1936 – 1938 / 1937
Stückzahl:	16 700
Kühlung:	Fahrtwind
Hubraum:	344,8 ccm / 292 ccm
Bohrung/Hub:	76/76 mm / 74/68 mm
Schmierung:	1 : 25
Leistung:	11 PS/9 PS
Getriebe:	3 Gänge, Block
Vergaser:	Amal
Rahmenbauart:	Pressstahl-Profil
Federung vorn:	Parallelogramm-Gabel mit Schraubenfeder
Federung hinten:	keine
Bremsen:	Innenbacken vorn u. hinten
Reifen:	26 x 3,25 / 25 x 3
Höchstgeschw.:	110 km/h / 100 km/h
Sitzplätze:	1 (2. Option)
Leergewicht:	130 kg, 140 kg / 120 kg
Preis:	RM 850/–

SB 500 / SB 500 A

Zwar noch im Jahre 1936, dennoch als letztes Modell der SB-Reihe wurde die 500er auf das neue Fahrgestell und den längeren Tank umgestellt. Dafür blieb der Twin länger im Angebot als die kleineren SB-Typen und erhielt sogar noch im Februar 1939 eine moderne Fußschaltung – allerdings gegen RM 25,– Aufpreis. Kniekissen hatte die neue 500er schon von Anfang an, wie auch den Tank ohne Verchromung (bedingt durch den akuten Materialmangel).

Eine SB 500 war am 6. Februar 1939 das 500 000. DKW-Motorrad. Die SB 500 A verfügte in der Luxus-Version wieder über eine Dynastart-Anlage und zwei Scheinwerfer. Dazu kam eine doppelte Linierung am Tank und ver-

chromte Auspufftöpfe. Im Beiwagenbetrieb und für Behördenfahrzeuge war die Feder zwischen den Gabelscheiden verstärkt und mit einem Gummianschlag versehen worden. Für den König des Irak entstand 1937 eine SB 500 in Sonderanfertigung.

Bauart:	Motorrad
Modell:	SB 500 / SB 500 A
Typ:	SB 500 Mod. 36 / SB 500 A Mod. 36
Bauzeit:	1936 – 1939
Stückzahl:	13 300
Kühlung:	Fahrtwind
Hubraum:	493,9 ccm
Bohrung/Hub:	68/68 mm
Schmierung:	1 : 25
Leistung:	15 PS
Getriebe:	3 Gänge, Block
Vergaser:	Amal
Rahmenbauart:	Pressstahl-Profil mit Unterzug
Federung vorn:	Parallelogramm-Gabel mit Schraubenfeder
Federung hinten:	keine
Bremsen:	Innenbacken vorn u. hinten
Reifen:	19 x 3,5
Höchstgeschw.:	115 km/h
Sitzplätze:	1 (2. Option)
Leergewicht:	165 kg
Preis:	RM 995 / RM 1125

KS 200

Die preiswerte Einstiegs-Zweihunderter hieß ab dem zweiten Halbjahr 1936 KS 200. Auch diese Maschine basierte auf dem Vorgänger und war zunächst nur eine KM 200 mit ver-_längertem Rahmen. Der Motor wurde 1938 im Zuge einer Überarbeitung unter anderem mit einem neuen Zylinder mit geändertem Zylinderkopf versehen. Der Kolben wurde etwas länger. Das im Gegensatz zur SB 200 unterschiedliche Hub/Bohrungs-Verhältnis wurde hingegen beibehalten. Bis auf Krümmer, Handhebel und Lampenring waren sämtliche Teile der Maschine, inklusive Speichen und Felgen, schwarz lackiert. Bei den ersten Modellen waren die Tankseiten hell abgesetzt. Exportmodelle hingegen waren mit reichlich Chrom-Zierrat versehen, und das Behörden-Fahrzeug hatte einen verstärkten Rahmen.

Bauart:	Motorrad
Modell:	KS 200
Typ:	KS 200
Bauzeit:	1936 – 1940
Stückzahl:	58 600
Kühlung:	Fahrtwind
Hubraum:	199,5 ccm
Bohrung/Hub:	63/64 mm
Schmierung:	1 : 25
Leistung:	7 PS
Getriebe:	3 Gänge, getrennt in gemeins. Gehäuse
Vergaser:	Graetzin KF 20 S
Rahmenbauart:	Pressstahl-Profil
Federung vorn:	Parallelogramm-Gabel mit Schraubenfeder
Federung hinten:	keine
Bremsen:	Innenbacken vorn u. hinten
Reifen:	19 x 3
Höchstgeschw.:	85 km/h
Sitzplätze:	1 (2. Option)
Leergewicht:	110 kg
Preis:	RM 540

NZ 250

Obwohl sich die KS 200 ausgezeichnet verkaufte, war in der Nachfolge der SB-Reihe keine
200er mehr vorgesehen: Das ab 1938 liefer-
bare Einstiegsmodell der NZ-Serie hatte 250 ccm
Hubraum. Bei den Motorrädern handelte es sich
sowohl im Triebwerk als auch im Fahrwerk um
völlige Neukonstruktionen. Der schöne, glatt-
flächige Triebwerksblock verfügte über ein fuß-
geschaltetes (kombiniert mit Handschaltung am
Tank) Viergang-Getriebe und bot mehr Laufruhe,
da statt der bisherigen Stirnräder eine Primärkette zum Einsatz kam. Ein Zentralkastenrahmen
bildete das Herzstück des Fahrwerks, das
ansonsten durch die geschlossenen Gabelscheiden mit außenliegenden Schwinghebeln
und die neue Sattel-Aufhängung gekennzeich-
net war. Die NZ 250 war, wie zuvor schon die
SB-Modelle, eine beliebte Behörden-Maschine.
Die Reichspost-NZ erhielten weit nach hinten
gezogene Beinschilder und ein verlängertes
hinteres Schutzblech. Der Gummianschlag für
die Gabel wurde später auch bei den zivilen
Modellen eingeführt.

Bauart:	Motorrad
Modell:	NZ 250
Typ:	NZ 250
Bauzeit:	1938 – 1941
Stückzahl:	26700
Kühlung:	Fahrtwind
Hubraum:	247 ccm
Bohrung/Hub:	68/68 mm
Schmierung:	1 : 25
Leistung:	9 PS
Getriebe:	4 Gänge
Vergaser:	Graetzin, Amal, Bing
Rahmenbauart:	Pressstahl-Zentralkasten-Rahmen
Federung vorn:	Parallelogramm-Gabel mit Schraubenfeder
Federung hinten:	keine
Bremsen:	Innenbacken vorn u. hinten
Reifen:	19 x 3
Höchstgeschw.:	95 km/h
Sitzplätze:	1 (2. Option)
Leergewicht:	135 kg
Preis:	RM 725 (GS-Ausführung + RM 40)

NZ 350

Die 350er war äußerlich mit der NZ 250 nahezu identisch, verfügte aber über eine Leistung von 11,5 PS bei 4000 U/min. Für beide Modelle gab es im Laufe der Zeit eine Reihe größerer und kleinerer Änderungen. Diese betrafen u. a. den Spulenkasten, die Auspuffanlagen, den Sattel (erst Framo, dann Pegaso), die Zündschlösser und ab Motor-Nr. 1180601/72 ein verstärktes Getriebe. Ab Juni 1940 gab es eine geänderte Hintergabel mit vorversetzten und verstärkten Sozius-Fußrasten. Die Flanken der bei den NZ verwendeten Kraftstofftanks hatten keine Chromauflage, sondern waren – wie bei den letzten SB-Serien auch – durch aufgespritztes und hochglanzpoliertes Leichtmetall verziert.

Bauart:	Motorrad
Modell:	NZ 350
Typ:	NZ 350
Bauzeit:	1938 – 1943
Stückzahl:	45 300
Kühlung:	Fahrtwind
Hubraum:	346,1 ccm
Bohrung/Hub:	72/85 mm
Schmierung:	1 : 25
Leistung:	11,5 PS
Getriebe:	4 Gänge
Vergaser:	Graetzin, Amal, Bing
Rahmenbauart:	Pressstahl-Zentralkasten-Rahmen
Federung vorn:	Parallelogramm-Gabel mit Schraubenfeder
Federung hinten:	keine
Bremsen:	Innenbacken vorn u. hinten
Reifen:	19 x 3,25
Höchstgeschw.:	105 km/h
Sitzplätze:	1 (2. Option)
Leergewicht:	145 kg
Preis:	RM 875 (GS-Ausführung + RM 40)

NZ 500

Die NZ 500 markierte zweifellos den Höhepunkt des Zschopauer Motorradbaus vor dem Zweiten Weltkrieg. Zu den schon in den kleineren Modellen verwirklichten modernen Konstruktions-Elementen kamen bei der 500er noch eine Hinterradfederung, bestehend aus Langschwinge und einstellbarem Teleskopzylinder und die hydraulisch gedämpfte Vordergabel hinzu. Das Motorrad erschien kurz vor Kriegsbeginn und durfte nur noch an wenige Privatkäufer ausgeliefert werden. Von den 4600 gebauten Fahrzeugen gingen allein 1500 Stück an die Madrider Polizei. Der Griff zur Einstellung der Hinterradfederung (im Bild letzte Version) änderte sich schon bald nach Serieneinführung der NZ 500.

Bauart:	Motorrad
Modell:	NZ 500
Typ:	NZ 500
Bauzeit:	1939 – 1941
Stückzahl:	4600
Kühlung:	Fahrtwind
Hubraum:	489 ccm
Bohrung/Hub:	2 x 64/76 mm
Schmierung:	1 : 25
Leistung:	18,5 PS
Getriebe:	4 Gänge, getrennt in einem Gehäuse
Vergaser:	Amal, Graetzin
Rahmenbauart:	Pressstahl-Zentralkasten-Rahmen
Federung vorn:	Parallelogramm-Gabel mit Schraubenfeder, gedämpft
Federung hinten:	Schwinggabel mit Teleskopfeder
Bremsen:	Innenbacken vorn u. hinten
Reifen:	19 x 3,5
Höchstgeschw.:	115 km/h
Sitzplätze:	1 (2. Option)
Leergewicht:	195 kg
Preis:	RM 1100

RT 125

Aus der RT 100 heraus entwickelte Hermann Weber ein leichtes Gebrauchsmotorrad, das voll in der von Rasmussen geprägten DKW-Tradition stand und nach dem Krieg zum meistkopierten Zweirad aller Zeiten wurde. Während sich das Fahrwerk noch sehr an die schwächere RT 3 PS anlehnte, war der Motor eine völlige Neukonstruktion, bei der viel Wert auf die äußere Gestalt gelegt worden war. Aber auch die inneren Werte mit der in der Versuchswerkstatt entstandenen Fußschaltung galten damals – Stand 1939 – als Höhepunkt der Zweitaktmotoren-Entwicklung im Serienbau. Leider ließ der Krieg keine große Verbreitung der zivilen RT 125 mehr zu. Die RT 125 bildete die letzte Entwicklung des genialen Hermann-Ferdinand Weber.

Bauart:	Motorrad
Modell:	RT 125
Typ:	Reichstyp 125
Bauzeit:	1940 – 1941
Stückzahl:	21 000
Kühlung:	Fahrtwind
Hubraum:	123,2 ccm
Bohrung/Hub:	52/58 mm
Schmierung:	1 : 25
Leistung:	4,75 PS
Getriebe:	3 Gänge, getrennt in gemeins. Gehäuse
Vergaser:	Amal, Bing, Graetzin
Rahmenbauart:	Einrohr-Rahmen, geschlossen
Federung vorn:	Parallelogramm-Gabel mit Gummifederung
Federung hinten:	keine
Bremsen:	Innenbacken vorn u. hinten
Reifen:	19 x 2,5
Höchstgeschw.:	80 km/h
Sitzplätze:	1 (2. Option)
Leergewicht:	66 kg
Preis:	–

RT 125-1

Zunächst schenkten die Verantwortlichen in der deutschen Heeresführung der kleinen Zschopauer Maschine keinerlei Beachtung. Bis man dann irgendwann zu der Erkenntnis kam, dass mancher Landser im Gelände mit der leichten Maschine besser zurecht kommen könnte als mit den zentnerschweren Konkurrenz-Modellen. Ein Grauguss-Triebwerksgehäuse (Rohstoffmangel), eine Schraubenfeder statt des Gummizuges an der Gabel, ein in der Form geänderter Scheinwerfer und Tank sowie ein 13er Kettenritzel für mehr Zugkraft blieben die einzigen Änderungen gegenüber der zivilen Ausführung – natürlich von der einfachen, militärischen Lackierung einmal abgesehen.

Bauart:	Motorrad
Modell:	RT 125-1
Typ:	Reichstyp 125-1
Bauzeit:	1943/44
Stückzahl:	12000
Kühlung:	Fahrtwind
Hubraum:	123,2 ccm
Bohrung/Hub:	52/58 mm
Schmierung:	1 : 25
Leistung:	4,75 PS
Getriebe:	3 Gänge, getrennt in gemeins. Gehäuse
Vergaser:	Amal, Bing, Graetzin
Rahmenbauart:	Einrohr-Rahmen, geschlossen
Federung vorn:	Parallelogramm-Gabel mit Schraubenfeder
Federung hinten:	keine
Bremsen:	Innenbacken vorn u. hinten
Reifen:	19 x 2,5
Höchstgeschw.:	75 km/h
Sitzplätze:	1
Leergewicht:	80 kg
Preis:	–

NZ 350-1

Die aus dem Behörden-Modell hervorgegangene NZ 350-1 für das Militär besaß wie die Wehrmachts-RT ein Grauguss-Motorgehäuse; die Lichtmaschine stammte von der kleinen 125er. Diese bedingte wiederum einen neuen Spulenkasten mit neuer Regler-Schalter-Kombination und erstmals verwendetem Flachregler. Auch ansonsten gab es diverse Änderungen gegenüber der normalen NZ 350 wie etwa den geänderten Scheinwerfern, Schutzblechen, Tankstutzen und Kupplungsdeckeln. Es gab nun keinen Werkzeugkasten mehr im Rahmendreieck, dafür aber große seitliche Packkoffer. Die Lackierungen waren den Farbgebungen der Waffengattungen angepasst; das Bild zeigt die so genannte Sahara-Ausführung.

Bauart:	Motorrad
Modell:	NZ 350-1
Typ:	NZ 350-1
Bauzeit:	1944/45
Stückzahl:	12 000
Kühlung:	Fahrtwind
Hubraum:	346,1 ccm
Bohrung/Hub:	72/85 mm
Schmierung:	1 : 25
Leistung:	11,5 PS
Getriebe:	3 Gänge, getrennt in gemeins. Gehäuse
Vergaser:	Bing
Rahmenbauart:	Pressstahl-Zentralkasten-Rahmen
Federung vorn:	Parallelogramm-Gabel mit Schraubenfeder
Federung hinten:	keine
Bremsen:	Innenbacken vorn u. hinten
Reifen:	19 x 3,25
Höchstgeschw.:	90 km/h
Sitzplätze:	2
Leergewicht:	175 kg
Preis:	–

RT 125 W

Im November 1949 begann bei der neu gegründeten Auto Union GmbH in Ingolstadt die Fertigung der RT 125 W. Sie glich weitgehend dem Zschopauer Original, Unterschiede gab es in der Sattelfederung, dem kleinen Werkzeugbehälter im jetzt größeren Tank, den Tachometer im Lampengehäuse und der Linierung.

Auch das Fahrwerk – abgesehen vom 30 mm längeren Radstand – und das 4,75 PS leistende Triebwerk entsprachen der Vorkriegs-RT. Nach einer langwierigen Anlaufphase, in der überwiegend fremd gefertigte Teile montiert wurden, kam die Fertigung richtig in Schwung: Ende 1950 konnte schon die 25.000. 125er ausgeliefert werden.

Bauart:	Motorrad
Modell:	RT 125
Typ:	RT 125 W
Bauzeit:	1949/1950
Stückzahl:	ca. 25 000
Kühlung:	Fahrtwind
Hubraum:	123,2 ccm
Bohrung/Hub:	52/58 mm
Schmierung:	1 : 25
Leistung:	4,75 PS
Getriebe:	3 Gänge
Vergaser:	Bing-Zweischiebervergaser
Rahmenbauart:	Einrohr-Rahmen, geschlossen
Federung vorn:	Parallelogramm-Gabel mit Gummifederung
Federung hinten:	keine
Bremsen:	Innenbacken vorn u. hinten
Reifen:	19 x 2,75
Höchstgeschw.:	80 km/h
Sitzplätze:	1 (2. Option)
Leergewicht:	73,5 kg
Preis:	DM 945

RT 125 W (Telegabel)

Ende 1950 erhielt die RT eine Telegabel, behielt aber die alte Typenbezeichnung bei. Dafür überschritt der Preis die 1000 Mark-Grenze, das de luxe-Modell mit mehr Chrom an Tankseiten und Auspufftopf kostete etwa 50 Mark mehr. Stärkere Speichen und eine ebenfalls stärkere Antriebskette kennzeichneten, neben dem oberhalb des Kennzeichen sitzenden Rücklicht, das neue Modell. Inzwischen konnten die meisten Teile bei DKW selbst gefertigt werden und in Ingolstadt begann man mit der Konzipierung einer neuen Motorrad-Fertigungshalle. In der hart umkämpften 125er Klasse war DKW 1951 wieder Marktführer in Deutschland.

Bauart:	Motorrad
Modell:	RT 125
Typ:	RT 125 W (mit Telegabel)
Bauzeit:	1950/51
Stückzahl:	ca. 30 600
Kühlung:	Fahrtwind
Hubraum:	123,2 ccm
Bohrung/Hub:	52/58 mm
Schmierung:	1 : 25
Leistung:	4,75 PS
Getriebe:	3 Gänge
Vergaser:	Bing
Rahmenbauart:	Einrohr-Rahmen, geschlossen
Federung vorn:	Teleskopgabel, hydraulisch gedämpft
Federung hinten:	keine
Bremsen:	Innenbacken vorn u. hinten
Reifen:	19 x 2,75
Höchstgeschw.:	80 km/h
Sitzplätze:	1 (2. Option)
Leergewicht:	83 kg
Preis:	DM 1135

RT 200

Obwohl von Steuer- und Führerscheinfreiheit längst keine Rede mehr war, erfreute sich die 200er Klasse in Deutschland nach wie vor großer Beliebtheit. Hier war für die Ingolstädter auch die schnellste Möglichkeit gegeben, das Motorrad-Programm zu erweitern. Der Aufbau von Fahr- und Triebwerk entsprach der 125er, lediglich der Rahmen war verstärkt worden. Konzeptionell zeigten die Ingolstädter mit der neuen 200er, wo es künftig lang gehen sollte: Die Grundprinzipien in Technik und Design richteten sich an der RT 125 aus.

Bauart:	Motorrad
Modell:	RT 200
Typ:	RT 200
Bauzeit:	1951/1952
Stückzahl:	12 555 (1951)
Kühlung:	Fahrtwind
Hubraum:	191 ccm
Bohrung/Hub:	62/64 mm
Schmierung:	1 : 25
Leistung:	8,5 PS
Getriebe:	3 Gänge
Vergaser:	Bing
Rahmenbauart:	Stahlrohr, geschlossen
Federung vorn:	Teleskopgabel mit hydr. Dämpfung
Federung hinten:	keine
Bremsen:	Innenbacken vorn u. hinten
Reifen:	19 x 3
Höchstgeschw.:	90 km/h
Sitzplätze:	1 (2. Option)
Leergewicht:	116 kg
Preis:	DM 1445

RT 200 H

Schon ein gutes Jahr nach Produktionsanlauf änderte sich die 200er in Details wie z. B. stärkerer Lichtmaschine, verbesserter Tele-

gabel und geändertem Kettenkasten. Entscheidend aber – und das prägte die neue Typenbezeichnung – war die Geradweg-Hinterradfederung mittels Teleskop-Zylinder. Die DKW-eigene Innenbacken-Bremsen erweckten durch ihre Verrippung und die auf Trommeldurch-

Bauart:	Motorrad
Modell:	RT 200
Typ:	RT 200 H
Bauzeit:	1952/1953
Stückzahl:	35 496 (RT 200 1952/53)
Kühlung:	Fahrtwind
Hubraum:	191 ccm
Bohrung/Hub:	62/64 mm
Schmierung:	1 : 25
Leistung:	8,5 PS
Getriebe:	3 Gänge
Vergaser:	Bing
Rahmenbauart:	Stahlrohr, geschlossen
Federung vorn:	Teleskopgabel, hydr. gedämpft
Federung hinten:	Teleskopfederung
Bremsen:	Innenbacken vorn u. hinten
Reifen:	19 x 3
Höchstgeschw.:	90 km/h
Sitzplätze:	1 (2. Option)
Leergewicht:	124 kg
Preis:	DM 1520

messer hochgezogene Abdeckung den Ein-
druck echter Trommelbremsen. In der sehr
schnelllebigen Entwicklungszeit der fünfziger
Jahre blieb das H-Modell nur ein gutes Jahr
im Programm.

RT 125/2

1952 konnte die Leistung des kleinen Motors durch Maßnahmen wie einen größeren Vergaser auf 5,7 PS bei 5400 U/min gesteigert werden, was der 125er das /2 in der Typenbezeichnung einbrachte. Zeitweise war da auch von der RT 125/2a zu lesen. Eine Reihe weiterer Änderungen erfuhr dieses Modell in den f olgenden Monaten: Geänderter Kettenkasten, größerer Tank, geänderte Sattelfederung, Zündschlossverlegung vom Spulenkasten zum Lampentopf und die DKW-eigenen, größeren Bremsnaben ersetzten die Pränafa-Zulieferteile (damit wanderte der Tachoantrieb ans Hinterrad). Gegen 90 Mark Aufpreis konnte bei der /2 eine Hinterrad-Federung aus der Nürnberger Firma des ehemaligen Rennfahrers Jurisch geordert werden.

Bauart:	Motorrad
Modell:	RT 125
Typ:	RT 125/2 oder /2a
Bauzeit:	1952–1954
Stückzahl:	ca. 56 000
Kühlung:	Fahrtwind
Hubraum:	123,2 ccm
Bohrung/Hub:	52/58 mm
Schmierung:	1 : 25
Leistung:	5,7 PS
Getriebe:	3 Gänge
Vergaser:	Bing
Rahmenbauart:	Stahlrohr, geschlossen
Federung vorn:	Teleskopgabel, hydraulisch
Federung hinten:	keine
	(Jurisch-Federung Option)
Bremsen:	Innenbacken vorn u. hinten
Reifen:	19 x 2,75
Höchstgeschw.:	82 km/h
Sitzplätze:	1 (2. Option)
Leergewicht:	84 kg
Preis:	DM 1134, de luxe DM 1185

RT 250 H / RT 250/1

Bauart:	Motorrad
Modell:	RT 250
Typ:	RT 250 H / RT 250/1
Bauzeit:	1952/1953
Stückzahl:	72 338 (RT 250 gesamt bis 1957)
Kühlung:	Fahrtwind
Hubraum:	244 ccm
Bohrung/Hub:	70/64 mm
Schmierung:	1 : 25
Leistung:	11,5 PS
Getriebe:	3 Gänge / 4 Gänge
Vergaser:	Bing
Rahmenbauart:	Stahlrohr, geschlossen
Federung vorn:	Teleskopgabel, hydraul. gedämpft
Federung hinten:	Geradweg Teleskopfederung
Bremsen:	Innenbacken vorn u. hinten
Reifen:	19 x 3,25 (hinten 19 x 3,50)
Höchstgeschw.:	100 km/h
Sitzplätze:	1 (2. Option)
Leergewicht:	126 kg
Preis:	–

Ende der dreißiger Jahre war die Klasse der 250-ccm-Motorräder immer dominierender geworden. Das sah dann wenige Jahre nach dem Krieg nicht viel anders aus und zwang DKW dazu, möglichst rasch mit einem solchen Motorrad wieder präsent zu sein. Natürlich stand auch hier die Konzeption der 125er Pate. Fahrwerk und Motor (gleicher Hub) stammten weitgehend von der 200er – inklusive der vorgetäuschten Vollnaben-Bremsen. Allerdings stattete man die nun größte Ingolstädter Maschine von Anfang an mit einer hauseigenen Hinterradfederung aus. Schon im zweiten Baujahr wurde das verkaufshemmende Dreigang-Getriebe durch ein Schaltwerk mit vier Gängen ersetzt. Die Typenbezeichnung änderte sich damit in RT 250/1.

RT 250/2

Schon Ende 1953 erschien die 250er DKW gründlich überarbeitet als /2. Fahrwerkseitig ragten die nun echten Trommelbremsen, der verstärkte Rahmen und die verbesserte Teleskop-Hinterradfederung heraus. Die Motorleistung konnte auf 14,1 PS bei 4700 U/min gesteigert werden, der Auspuff war – aus Rücksicht auf etwaige Beiwagen-Insassen – auf die linke Seite verlegt worden. Zur schönen, geschlossenen Linie der DKW 250 trug die Vergaserverkleidung bei, aus der links der Tupfer herausragte.
Die DKW RT 250/2 war übrigens zu Beginn der 80er Jahre das erste Restaurierungsobjekt des Autors und begründete seine Verbundenheit zur Marke DKW.

Bauart:	Motorrad
Modell:	RT 250/2
Typ:	RT 250/2
Bauzeit:	1953–1955
Stückzahl:	72 338 (RT 250 gesamt bis 1957)
Kühlung:	Fahrtwind
Hubraum:	244 ccm
Bohrung/Hub:	70/64 mm
Schmierung:	1 : 25
Leistung:	14,1 PS
Getriebe:	4 Gänge
Vergaser:	Bing
Rahmenbauart:	Stahlrohr, geschlossen
Federung vorn:	Teleskopgabel, hydraul. gedämpft
Federung hinten:	Geradweg-Teleskopfederung
Bremsen:	Leichtmetall-Trommelbremsen
Reifen:	19 x 3,25 (hinten 19 x 3,5)
Höchstgeschw.:	108 km/h
Sitzplätze:	1 (2. Option)
Leergewicht:	143 kg
Preis:	–

RT 125/2 H

Die letzte Typenänderung erlebte die legendäre 125er bei der Auto Union im Jahre 1954. Dabei stand das H für die nun DKW-eigene Hinterradfederung. Für diese musste ein Aufschlag von DM 130,– gezahlt werden. Die /2 mit Starrrahmen blieb offiziell bis 1957 im Programm. Weiter am Fahrwerk änderten sich die Bremsen, die nun auch echte Trommelbremsen mit 150 mm waren. Der Motor war schon bei den letzten /2-Modellen mit erneut mehr Leistung erschienen. Unter anderem durch neue Schalldämpfer konnten 6,4 PS bei 5600 U/min erreicht werden. Im Laufe des Jahres wurden die Preise der 125er /2-Modelle um DM 90,– reduziert und unverändert für die neue /2 H übernommen.

Bauart:	Motorrad
Modell:	RT 125
Typ:	RT 125/2 H
Bauzeit:	1954 – 1957
Stückzahl:	22 350
Kühlung:	Fahrtwind
Hubraum:	123,2 ccm
Bohrung/Hub:	52/58 mm
Schmierung:	1 : 25
Leistung:	6,4 PS
Getriebe:	3 Gänge
Vergaser:	Bing
Rahmenbauart:	Stahlrohr, geschlossen
Federung vorn:	Teleskopfederung, hydraul. gedämpft
Federung hinten:	Geradweg-Teleskopfederung
Bremsen:	Leichtmetall-Trommelbremsen
Reifen:	19 x 2,75
Höchstgeschw.:	84 km/h
Sitzplätze:	1 (2. Option)
Leergewicht:	101 kg
Preis:	DM 1175 (de luxe DM 1225)

RT 175

In den fünfziger Jahren entwickelten sich 175-ccm-Motorräder zu einer der beliebtesten Hubraumklassen. DKW stieg hier 1954 mit einer völligen Neukonstruktion ein.
Die Leistung des neuen Kurzhubers, der auch zur Basis der RT 200/2 wurde, erreichte 9,6 PS bei 5000 U/min. Die 175er hatte von Anfang an ein Viergang-Getriebe, Hinterradfederung und Vollnabenbremsen mit 150 mm Durchmesser. Die Maschine avancierte schnell zum meistverkauften Modell im DKW-Programm.

Bauart:	Motorrad
Modell:	RT 175
Typ:	RT 175
Bauzeit:	1954/1955
Stückzahl:	96 170 (RT 175 u. 200 zus. 1954–1958)
Kühlung:	Fahrtwind
Hubraum:	174 ccm
Bohrung/Hub:	62/58 mm
Schmierung:	1 : 25
Leistung:	9,6 PS
Getriebe:	4 Gänge
Vergaser:	Bing
Rahmenbauart:	Stahlrohr, geschlossen
Federung vorn:	Teleskopfederung, hydraul. gedämpft
Federung hinten:	Geradweg-Teleskopfederung
Bremsen:	Leichtmetall-Trommelbremsen
Reifen:	19 x 3,0
Höchstgeschw.:	94 km/h
Sitzplätze:	1 (2. Option)
Leergewicht:	117 kg
Preis:	–

RT 200/2

1954 erhielt die 200er einen völlig neuen Zweitakt-Motor – abgeleitet von der 175er – und erlebte so eine richtige Leistungsexplosion von 8,5 auf 11 PS bei jetzt 5000 U/min. Mit der Typenbezeichnung /2 einher ging auch eine neue Telegabel, das Viergang-Getriebe und die richtigen Trommelbremsen. Die für die neuen Modelle typische Vergaser-Verkleidung ließ die 175er und die 200er 1954/55 nahezu identisch aussehen. Dies galt auch für die nur wenig größere RT 250/2. Obgleich andere Hersteller mehr und mehr auf die Hubraum-klasse 200 ccm verzichteten, behielt DKW bis zur Einstellung der Motorrad-Produktion eine 200er im Programm.

Bauart:	Motorrad
Modell:	RT 200
Typ:	RT 200/2
Bauzeit:	1954/1955
Stückzahl:	96 170 (RT 175 u. 200 zus. 1954 – 1958)
Kühlung:	Fahrtwind
Hubraum:	197 ccm
Bohrung/Hub:	66/58 mm
Schmierung:	1 : 25
Leistung:	11 PS
Getriebe:	4 Gänge
Vergaser:	Bing
Rahmenbauart:	Stahlrohr, geschlossen
Federung vorn:	Teleskopgabel, hydraul. gedämpft
Federung hinten:	Geradweg-Teleskopfederung
Bremsen:	Leichtmetall-Trommelbremsen
Reifen:	19 x 3
Höchstgeschw.:	98 km/h
Sitzplätze:	1 (2. Option)
Leergewicht:	124 kg
Preis:	–

DKW Hobby / DKW Hobby Luxus

Bauart:	Motorroller
Modell:	DKW Hobby/Hobby Luxus
Typ:	Hobby/Hobby Luxus
Bauzeit:	1954–1957
Stückzahl:	45 303
Kühlung:	Gebläse
Hubraum:	74 ccm
Bohrung/Hub:	45/47 mm
Schmierung:	1 : 25
Leistung:	3 PS
Getriebe:	stufenloses, automatisches Riemengetriebe
Vergaser:	Bing
Rahmenbauart:	Zentralrohr mit Bodenrost
Federung vorn:	Teleskopgabel, progressiv wirkend
Federung hinten:	Schwinge mit Gummipuffer
Bremsen:	Innenbacken vorn u. hinten
Reifen:	16 x 2,5
Höchstgeschw.:	60 km/h
Sitzplätze:	1/2
Leergewicht:	77 kg/80 kg
Preis:	DM 950/DM 990

Schon vor 1955 war ein abflachen des Motor-radbooms zu beobachten, während die Verkaufs-zahlen auf dem Roller-Sektor stiegen. Das ließ auch DKW hoffen, Umsatzlöcher mit einem solchen Mobil stopfen zu können. Mit Roller-untypischen 16-Zoll-Felgen und dem stufen-losen Riemenscheiben-Getriebe nahm der Hobby eine Sonderstellung ein und erzielte auf Anhieb gute Verkaufszahlen. Der neu kon-struierte Zweitakt-Motor mit 74 ccm Hubraum leistete aber nur 3 PS bei 5000 U/min, die für damalige Verhältnisse vor allem im Sozius-betrieb kaum ausreichend waren. Angeworfen wurde das Triebwerk mittels Seilzug.
Die Luxus-Version wartete u. a. mit Sozius-Sitz, einem größeren Bremstrommel-Durchmesser am Vorderrad, Alu-Fußrasten und einem Zier-gitter am Hinterrad-Ausschnitt auf.

RT 175 S

1955 erschienen in neuem Outfit und mit neuer Technik die DKW-Motorräder ab 175 ccm Hubraum auf dem Markt. Die gesamte Linie von Schutzblechen, Tank und Sitz, Werkzeug- und Batterie-Kasten war im Design überarbeitet und dem internationalen Stand angepasst worden. Die Triebwerke änderten sich vom Aufbau her gegenüber den /2-Modellen kaum. Lediglich die neuen »Stachelrippen«-Zylinder, mit unterbrochenen und gegeneinander versetzten Kühlrippen, sorgten für noch bessere thermische Verhältnisse im Motor. Mit der Zusatzbezeichnung »S« verbanden sich der Belastung entsprechend einstellbare Federbeine, die eine Hinterrad-Schwinge stützten.

Bauart:	Motorrad
Modell:	RT 175 S
Typ:	RT 175 S
Bauzeit:	1955/1956
Stückzahl:	96 170 (RT 175 u. 200 zus. 1954 – 1958)
Kühlung:	Fahrtwind
Hubraum:	174 ccm
Bohrung/Hub:	62/58 mm
Schmierung:	1 : 25
Leistung:	9,6 PS
Getriebe:	4 Gänge
Vergaser:	Bing
Rahmenbauart:	Stahlrohr, geschlossen
Federung vorn:	Teleskopgabel, hydraul. gedämpft
Federung hinten:	Schwinge mit Federbeinen
Bremsen:	Leichtmetall-Trommelbremsen
Reifen:	18 x 3,0
Höchstgeschw.:	94 km/h
Sitzplätze:	1 (2. Option)
Leergewicht:	130 kg
Preis:	DM 1425 (schwarz), DM 1475 (verchromt)

RT 200 S

Die 175er und 200er S-Modelle von DKW waren jetzt völlig identische Maschinen, die sich nur noch im Hubraum und im Preis unterschieden. Auf Wunsch und gegen Aufpreis konnte der Einzelsitz gegen eine durchgehende Sitzbank ersetzt werden, die den Fahrzeugen eine noch schönere, gestrecktere Linie verlieh. In den 50er Jahren überstürzten sich förmlich die Entwicklungsschritte im Motorradbau, und DKW versuchte mit aller Kraft den Anschluss nicht zu verpassen. Aber rapide sinkende Verkaufszahlen brachten viele traditionsreiche Motorradbauer in arge Schwierigkeiten.

Bauart:	Motorrad
Modell:	RT 200 S
Typ:	RT 200 S
Bauzeit:	1955/1956
Stückzahl:	96170 (RT 175 u. 200 zus. 1954 – 1958)
Kühlung:	Fahrtwind
Hubraum:	197 ccm
Bohrung/Hub:	66/58 mm
Schmierung:	1:25
Leistung:	11 PS
Getriebe:	4 Gänge
Vergaser:	Bing
Rahmenbauart:	Stahlrohr, geschlossen
Federung vorn:	Teleskopgabel, hydraul. gedämpft
Federung hinten:	Schwinge mit Federbein
Bremsen:	Leichtmetall-Trommelbremsen
Reifen:	18 x 3,0
Höchstgeschw.:	98 km/h
Sitzplätze:	1 (2. Option)
Leergewicht:	131 kg
Preis:	DM 1475 (schwarz), DM 1525 verchromt

RT 250 S

Auch die 250er unterschied sich im Design kaum mehr von den kleineren S-Modellen, hatte aber größere Vollnabenbremsen (180 statt 150 mm Durchmesser) mit breiterem Bremsbelag und einen kräftigeren Rahmen, der auch für den Beiwagenbetrieb ausgelegt war. Gegenüber der /2 war der Motor der 250 S noch einmal in seiner Leistung gesteigert worden und erreichte jetzt 15 PS bei 5000 U/min.

Bauart:	Motorrad
Modell:	RT 250 S
Typ:	RT 250 S
Bauzeit:	1955/1956
Stückzahl:	72 338 (RT 250 gesamt bis 1957)
Kühlung:	Fahrtwind
Hubraum:	244 ccm
Bohrung/Hub:	70/74 mm
Schmierung:	1 : 25
Leistung:	15 PS
Getriebe:	4 Gänge
Vergaser:	Bing
Rahmenbauart:	Stahlrohr, geschlossen
Federung vorn:	Teleskopgabel, hydraul. gedämpft
Federung hinten:	Schwinge mit Federbeinen
Bremsen:	Leichtmetall-Trommelbremsen
Reifen:	18 x 3,25
Höchstgeschw.:	116 km/h
Sitzplätze:	1 (2. Option)
Leergewicht:	155 kg
Preis:	DM 1715 (schwarz), DM 1795 (verchromt)

RT 350 S

Dass man eine 350er bauen würde, stand bei der neuen Auto Union schon 1951 fest. Dann dauerte es aber doch noch vier Jahre, bis die Serienproduktion der RT 350 anlief. Sie markierte den Höhepunkt der Motorrad-Entwicklung bei DKW nach dem Kriege. Leider war der Höhepunkt des Motorrad-Absatzes längst überschritten und so stand der Start der 350er unter keinem guten Stern. Im Vorserien-Stadium noch anders konzipiert, erhielt die Zweizylinder-Maschine schließlich in der Serie nicht nur das gleiche Schwingen-Fahrwerk, sondern auch das Aussehen der anderen S-Modelle. Optisch ließ sich das Flaggschiff der Marke von den schwächeren DKW lediglich am Zweitakt-Twin mit den einzelnen Zylindern und den zwei Auspuffanlagen unterscheiden. Ihre Leistung prädestinierte die RT 350 natürlich zum Seitenwagenbetrieb. Als einzige DKW

Bauart:	Motorrad
Modell:	RT 350 S
Typ:	RT 350 S
Bauzeit:	1955/1956
Stückzahl:	5290
Kühlung:	Fahrtwind
Hubraum:	348 ccm
Bohrung/Hub:	2 x 62/58 mm
Schmierung:	1 : 25
Leistung:	18,5 PS
Getriebe:	4 Gänge
Vergaser:	Bing
Rahmenbauart:	Stahlrohr, geschlossen
Federung vorn:	Teleskopgabel, hydraul. gedämpft
Federung hinten:	Schwinge mit Federbeinen
Bremsen:	Leichtmetall-Trommelbremsen
Reifen:	18 x 3,5
Höchstgeschw.:	120 km/h
Sitzplätze:	1 (2. Option)
Leergewicht:	162 kg
Preis:	DM 2250

verfügte sie über eine hydraulisch betätigte Hinterradbremse, die aber nicht an eine ebenfalls hydraulisch betätigte Beiwagenbremse angeschlossen werden konnte. Die Auto Union bot ab Werk für die 250er und 350er Klasse Seitenwagen der Metallwarenfabrik Reichertshofen/Karl Binder an, deren Design sich im Front- und Heckbereich an die DKW-Automobile der frühen fünfziger Jahre anlehnte.

Die vorne angelenkte Fronthaube ließ sich zum leichteren Einstieg weit öffnen. Das RT 350-Gespann kostete rund DM 3000,–. Da die Verkaufszahlen der 350er – ob mit oder ohne Beiwagen – 1956 ungebremst in den Keller rutschten, stellte DKW die Produktion noch im selben Jahr wieder ein.
Heute ist die 350er zum teuersten DKW-Motorrad-Oldtimer avanciert.

DKW Hummel / Hummel Luxus

Während des Krieges hatte die Auto Union ein Fahrrad mit Hilfsmotor entwickelt, das unter der Bezeichnung »Hummel« nach dem Krieg hätte erscheinen sollen. Dazu kam es nicht, doch als DKW – viel zu spät – ab 1956 im explodierenden Moped-Markt mitmischte, tauchte zumindest die Bezeichnung wieder auf. Die neue DKW war anfangs mit einem Dreigang-Getriebe, in dem auch der Pedaltrieb steckte (und eine Tretkette erübrigte) der Konkurrenz überlegen, ebenso durch das Vollschwingenfahrwerk. Weit über 100 000 verkaufte Mopeds in knapp drei Jahren fingen

Bauart:	Moped
Modell:	DKW Hummel / DKW Hummel Luxus
Typ:	»Hummel« / »Hummel« Luxus
Bauzeit:	1956 – 1958
Stückzahl:	117 617
Kühlung:	Fahrtwind
Hubraum:	49 ccm
Bohrung/Hub:	–
Schmierung:	1 : 25
Leistung:	1,35 PS
Getriebe:	3 Gänge, integrierter Pedaltrieb
Vergaser:	Bing
Rahmenbauart:	Pressstahl-Rahmen
Federung vorn:	Schwinghebel mit Gummiband-Federung
Federung hinten:	Schwinge mit Federbeinen
Bremsen:	Vollnaben-Innenbacken-Bremsen
Reifen:	23-Zoll-Räder
Höchstgeschw.:	40 km/h
Sitzplätze:	1
Leergewicht:	–
Preis:	DM 598 / DM 658

zumindest einen Teil jener Verluste auf, welche die großen Motorräder längst einfuhren.

Die meist hellblau lackierte Standard-Hummel konnte gegen DM 20,– Aufpreis mit einem Tacho geordert werden. Wer noch einmal DM 40,– draufzahlte, erhielt das Luxus-Paket. Dafür gab es u. a. mehr Chrom, poliertes Aluminium, eine buntere Farbpalette und Richtung Achse gezogene vordere Kotflügel. Die Gabel war bei den letzten Modellen geändert worden.

Die Zweirad-Union bot die Hummel zu Beginn der sechziger Jahre als »Standard«-Modell als Ein- oder Doppelsitzer mit verbessertem 2-PS-Motor an.

RT 175 VS

Schon ein Jahr nach Einführung der S-Modelle erschienen die DKW-Motorräder parallel mit einem – in der Szene nicht unumstrittenen – Vollschwingen-Fahrwerk. Es war wohl der berühmte Strohhalm, nach dem man griff, um den dramatischen Abwärtstrend beim Absatz zu stoppen. Vorbild könnte auch die beim DKW-Nachfolger MZ in Zschopau gestartete ES 250 mit Vollschwingen-Fahrwerk gewesen sein, die ihren Siegeszug begann, als in Ingolstadt bereits die Lichter ausgingen.
Die neue Vorderradaufhängung bestand aus einer geschobenen Halblang-Schwinge mit ölgedämpften Federbeinen. Die sogenannten »Chrom-Modelle« konnten außer in Schwarz auch in metallisch schimmerndem Hellgrün oder Hellblau geliefert werden.

Bauart:	Motorrad
Modell:	RT 175 VS
Typ:	RT 175 VS
Bauzeit:	1956–1958
Stückzahl:	96 170 (RT 175 u. 200 zus. 1954–1958)
Kühlung:	Fahrtwind
Hubraum:	174 ccm
Bohrung/Hub:	62/58 mm
Schmierung:	1:25
Leistung:	9,6 PS
Getriebe:	4 Gänge
Vergaser:	Bing
Rahmenbauart:	Stahlrohr, geschlossen
Federung vorn:	Langschwinge mit Federbeinen
Federung hinten:	Schwinge mit Federbeinen
Bremsen:	Leichtmetall-Trommelbremsen
Reifen:	18 x 3,0
Höchstgeschw.:	101 km/h
Sitzplätze:	1 (2. Option)
Leergewicht:	130 kg
Preis:	DM 1525 (schwarz), DM 1575 (verchromt)

RT 200 VS

Zusätzlich zu der vorderen Schwinge hatten die neuen VS-Modelle eine Scheinwerfer-/Lenker-Verkleidung erhalten, die auch das Tachometer trug. Die 200er entsprach weiterhin bis auf den Hubraum exakt dem 175-ccm-Modell. Beide waren 1958 die letzten Überlebenden im DKW-Motorrad-Programm. Händler mussten schon ordentliche Rabatte gewähren, um die Modelle zu dieser Zeit überhaupt noch los zu werden. Ein nicht geringer Bestand an 175er und 200er VS-Modellen wurde noch in der Folgezeit über die Zweirad-Union in Nürnberg verkauft. Es ist traurig für alle Beteiligten gewesen, zuzusehen, wie die letzten Modelle der einst weltweit führenden Motorrad-Marke verramscht wurden.

Bauart:	Motorrad
Modell:	RT 200 VS
Typ:	RT 200 VS
Bauzeit:	1956 – 1958
Stückzahl:	96 170 (RT 175 u. 200 zus. 1954 – 1958)
Kühlung:	Fahrtwind
Hubraum:	197 ccm
Bohrung/Hub:	66/58 mm
Schmierung:	1 : 25
Leistung:	11 PS
Getriebe:	4 Gänge
Vergaser:	Bing
Rahmenbauart:	Stahlrohr, geschlossen
Federung vorn:	Langschwinge mit Federbeinen
Federung hinten:	Schwinge mit Federbeinen
Bremsen:	Leichtmetall-Trommelbremsen
Reifen:	18 x 3,0
Höchstgeschw.:	110 km/h
Sitzplätze:	1 (2. Option)
Leergewicht:	131 kg
Preis:	DM 1575 (schwarz), DM 1625 (verchromt)

RT 250 VS

Auch die neue 250er wies bis auf die veränderte Vorderrad-Führung in Verbindung mit der Verkleidung von Lampe und Lenker keine Änderungen gegenüber dem S-Modell auf. Diese nun größte DKW war von Anfang an serienmäßig mit einer Doppelsitzbank ausgerüstet. Die zur 250er lieferbaren Binder-Seitenwagen hatten jetzt eine Frontgestaltung in Form der DKW-Wagen 3 = 6. Allerdings konnten sich Solo-Maschine und Gespann nur noch ein Jahr im Programm halten.

Bauart:	Motorrad
Modell:	RT 250 VS
Typ:	RT 250 VS
Bauzeit:	1956/1957
Stückzahl:	72 338 (RT 250 gesamt bis 1957)
Kühlung:	Fahrtwind
Hubraum:	244 ccm
Bohrung/Hub:	70/74 mm
Schmierung:	1:25
Leistung:	15 PS
Getriebe:	4 Gänge
Vergaser:	Bing
Rahmenbauart:	Stahlrohr, geschlossen
Federung vorn:	Langschwinge mit Federbeinen
Federung hinten:	Schwinge mit Federbeinen
Bremsen:	Leichtmetall-Trommelbremsen
Reifen:	18 x 3,25
Höchstgeschw.:	119 km/h
Sitzplätze:	2
Leergewicht:	155 kg
Preis:	DM 1815 (schwarz), DM 1895 (verchromt)

DKW Hummel Super

DKW

Nach dem Abverkauf der Auslaufmodelle der früher selbstständigen Firmen kamen 1959/1960 eine Reihe von (teilweisen) Neukonstruktionen in das Programm der Zweirad Union. Am Anfang war die Hummel Super noch ein echtes DKW-Moped mit einem in der Leistung etwas gesteigerten Motor aus der Ingolstädter Fertigung, erhielt aber ein moderneres Design. Dabei entsprach die jetzt benutzte Vorderrad-Gabel der auch schon bei den letzten Ingolstädter Modellen verbauten Konstruktion (siehe DKW Hummel). Die technischen Daten blieben nahezu unverändert.
Zu Beginn der sechziger Jahre bot die Zweirad-Union dieses Modell mit einer Telegabel als »Hummel Super MK« mit 2 PS oder »Hummel Super KR« mit 4,2 PS an.

Bauart:	Moped
Modell:	DKW Hummel Super
Typ:	DKW Hummel Super
Bauzeit:	ab 1959
Stückzahl:	–
Kühlung:	Fahrtwind
Hubraum:	49 ccm
Bohrung/Hub:	–
Schmierung:	1 : 25
Leistung:	1,7 PS
Getriebe:	3 Gänge, integrierter Pedaltrieb
Vergaser:	Bing
Rahmenbauart:	Pressstahl-Schalenrahmen
Federung vorn:	Schwinghebel mit Gummiband-Federung
Federung hinten:	Schwinge mit Federbeinen
Bremsen:	Vollnaben-Innenbacken-Bremsen
Reifen:	23-Zoll-Räder
Höchstgeschw.:	40 km/h
Sitzplätze:	1 (2. Option)
Leergewicht:	65 kg
Preis:	–

DKW Violetta

DKW

Auf eine Victoria-Konstruktion (Avanti) ging das sportliche Modell DKW Violetta zurück, das auch als Victoria Stromer oder Express Carino von der Zweirad-Union angeboten wurde. Im Programm standen drei Varianten: Moped (mit Pedaltrieb), Mokick (beide mit 40 km/h Höchstgeschwindigkeit) oder ungedrosseltes Kleinkraftrad mit Gebläsekühlung. Eine Doppelsitzbank war bei allen Ausführungen serienmäßig. Angetrieben wurden die Drillinge vom so genannten »Einheitsmotor« der Zweirad Union, wenngleich noch die Markennamen in die Seitendeckel geprägt waren.

Bauart:	Moped / Mokick / Kleinkraftrad
Modell:	DKW Violetta
Typ:	DKW Violetta
Bauzeit:	ab 1960
Stückzahl:	–
Kühlung:	Fahrtwind / Fahrtwind / Gebläse
Hubraum:	49 ccm
Bohrung/Hub:	40/39 mm
Schmierung:	1 : 25
Leistung:	2 PS / 2 PS / 3,7 PS
Getriebe:	3 Gänge, integrierter Pedaltrieb
Vergaser:	Bing
Rahmenbauart:	Pressstahl-Schalenrahmen
Federung vorn:	Langschwinge mit Federbeinen
Federung hinten:	Langschwinge mit Federbeinen
Bremsen:	Vollnaben-Innenbacken-Bremsen
Reifen:	23 x 2,50
Höchstgeschw.:	40 km/h / 40 km/h / 70 km/h
Sitzplätze:	2
Leergewicht:	70 kg
Preis:	DM 920

DKW

Hummel 115/155

DKW

Auf eine DKW-Studie Ende der fünfziger Jahre basierte die 1960 vorgestellte »neue Linie« der Zweirad Union. Scherzhaft nannte man die mit üppigem Blech ausgestatteten Maschinchen auch »Blechbananen«. Die DKW-Ausführungen nannten sich wieder Hummel, je nachdem – ob Mokick oder Kleinkraftrad – ergänzt um die Typenbezeichnung 115 oder 155. Das Fahrwerk zeigte sich komplett überarbeitet und hatte 16-Zoll-Räder. Die eher ungewöhnliche Bereifung sollte vermutlich die Weißwand-Ringe besser zur Geltung bringen.

Bauart:	Mokick / Kleinkraftrad
Modell:	DKW Hummel
Typ:	115 / 155
Bauzeit:	1960 – 1966
Stückzahl:	–
Kühlung:	Gebläse
Hubraum:	49 ccm
Bohrung/Hub:	40/39 mm
Schmierung:	1 : 25
Leistung:	2 PS/3,7 PS (ab 1963 4,2 PS)
Getriebe:	3 Gänge
Vergaser:	Bing
Rahmenbauart:	Pressstahl-Schalenrahmen
Federung vorn:	Langschwinge mit Federbeinen, hydraul. gedämpft
Federung hinten:	Langschwinge mit Federbeinen, hydraul. gedämpft
Bremsen:	Trommelbremsen vorn u. hinten
Reifen:	20 x 2,75
Höchstgeschw.:	40 km/h / 70 km/h (75 km/h)
Sitzplätze:	2
Leergewicht:	78 / 78
Preis:	DM 998 / DM 1050

DKW
Hummel 136/166

DKW

Das bisher bestehende Programm der Zweirad-Union mit 24 (!) Modellen erhöhte sich 1962 gar auf 32 Varianten. DKW steuerte dazu die Modelle Hummel 136 bzw. 166 bei. Der aus dem DKW-Erbe heraus neu konstruierte Motor erhielt seinerzeit Bestnoten von den Kritikern. Er leistete im Mokick (Modell 136) 2,6 PS und beschleunigte das Kleinkraftrad (Modell 166) mit 4,6 PS (später 5,3 PS) auf 80 km/h. Ungewöhnlich war das Fünfgang-Getriebe (Mokick mit vier Gängen), das seiner Zeit weit vorauseilte. Neu war auch das Fahrwerk. Es bestand zwar immer noch mit dem aus-ladenden Schalenrahmen, hatte aber jetzt eine ungedämpfte Telegabel und 21-Zoll-Reifen.

Bauart:	Mokick / Kleinkraftrad
Modell:	DKW Hummel
Typ:	136/166
Bauzeit:	ab 1962
Stückzahl:	–
Kühlung:	Gebläse
Hubraum:	49,6 ccm
Bohrung/Hub:	40/39,5 mm
Schmierung:	1:25
Leistung:	2,6 PS/4,6 PS (später 5,3 PS)
Getriebe:	4 Gänge / 5 Gänge
Vergaser:	Bing
Rahmenbauart:	Pressstahl-Schalenrahmen
Federung vorn:	Teleskopgabel
Federung hinten:	Langschwinge mit Feder-beinen, hydraul. gedämpft
Bremsen:	Trommelbremsen vorn u. hinten
Reifen:	21 x 2,75
Höchstgeschw.:	40 km/h / 80 km/h
Sitzplätze:	2
Leergewicht:	85 kg
Preis:	DM 1020/DM 1140

DKW Mokick 39 / DKW 159 TS

DKW

1966 übernahm Fichtel & Sachs die finanziell schwer angeschlagene Zweirad-Union. Das sicherte den Beschäftigten zwar ihre Jobs, bedeutete aber das Ende einer bis dahin durchaus noch individuellen Fahrzeugentwicklung. Nun waren Einheitskonstruktionen angesagt, und als Antrieb kamen selbstverständlich nur noch Sachs-Motoren in Frage. Die noch von den ZU-Ingenieuren entwickelte neue 50-ccm-Reihe (ursprünglich waren Modelle bis 125 ccm geplant), die 1965 in Serie ging, erhielt nach dem Einstieg von Fichtel & Sachs – mit der Marke Hercules – neben neuen Motoren auch – abgesehen von der Telegabel – ein neues Fahrwerk. Der Typ 139 bezeichnete wieder die Mokick-Version und das Modell 159 TS mit Fahrtwind-Kühlung, freiliegenden Federn hinten und sportlicherem vorderem Kofflügel das besser ausgestattete Kleinkraftrad (siehe letztes Bild im Kapitel »Anmerkungen zu den Modellreihen«).
Im Laufe der Produktionszeit erschienen mit dem Sport-Modell, dem Supersport-Modell und dem Standard-Modell drei Varianten der 139 TS, die sich lediglich in Ausstattungsdetails unterschieden. Der hier angegebene Preis entspricht dem Modell 159 Standard.

Bauart:	Mokick / Kleinkraftrad
Modell:	DKW Mokick 139 / DKW 159 TS
Typ:	139 / 159 TS
Bauzeit:	ab 1965
Stückzahl:	–
Kühlung:	Gebläse / Fahrtwind
Hubraum:	49,6 ccm
Bohrung/Hub:	40/39,5 mm
Schmierung:	1 : 25
Leistung:	2,6 PS / 5,3 PS
Getriebe:	4 Gänge / 5 Gänge (beide Ziehkeil)
Vergaser:	Bing
Rahmenbauart:	Rohrrahmen
Federung vorn:	Teleskopgabel
Federung hinten:	Langschwinge mit Federbeinen, hydraul. gedämpft
Bremsen:	Trommelbremsen vorn u. hinten
Reifen:	21 x 2,75
Höchstgeschw.:	40 km/h / 80 km/h
Sitzplätze:	2
Leergewicht:	87 kg
Preis:	DM 1198 / DM 1278

DKW– Mokick 139

DKW RT 159/125

DKW

Nach zehn Jahren gab es 1968 wieder ein richtiges Motorrad, das den Markennamen DKW trug. Allerdings war die 125 TS keine richtige DKW, sondern eine echte Hercules mit Sachs-Motor. Diese Politik wurde in den Folgejahren auch so beibehalten, wobei die DKW-Maschinen meist besser ausgestattet waren als die baugleichen Hercules. Mit der Einführung der 125 TS wurde die 159 TS optisch auf den gleichen Stand gebracht; die 125er war mit dem deutlich größeren Motor gut zu unterscheiden. Kurz nach der Einführung der beiden Maschinen erfolgte die Umbenennung beider Maschinen in die traditionelle und – so hoffte man – werbeträchtige Bezeichnung RT 159 und RT 125.

Bauart:	Kleinkraftrad / Motorrad
Modell:	DKW RT 159 / RT 125
Typ:	RT 159 / RT 125
Bauzeit:	ab 1968
Stückzahl:	–
Kühlung:	Fahrtwind
Hubraum:	49,6 ccm / 124 ccm
Bohrung/Hub:	40/39,5 mm / –
Schmierung:	1 : 25
Leistung:	5,3 PS / 12,5 PS
Getriebe:	5 Gänge, Ziehkeil-Getriebe
Vergaser:	Bing
Rahmenbauart:	Rohrrahmen
Federung vorn:	Teleskopgabel
Federung hinten:	Langschwinge mit Feder-beinen, hydraul. gedämpft
Bremsen:	Trommelbremsen vorn u. hinten
Reifen:	17 Zoll
Höchstgeschw.:	80 km/h / 110 km/h
Sitzplätze:	2
Leergewicht:	80 / –
Preis:	DM 1595 / DM 2150

Mofa 502 / DKW 504 / 504 Extra / Moped 505

Ende der sechziger Jahre begann der Siegeszug der Mofas in Deutschland. Die Sachs-Gruppe mischte da kräftig mit und brachte nach 1968 ein Jahrzehnt lang auch unter der Bezeichnung DKW eine kaum noch nachvollziehbare Flut von Mofas, so genannten City-Bikes und Mopeds auf den Markt. Die Fahrzeuge, mit der Typenziffer 5 beginnend, basierten allesamt auf einem neuen Sachs-Motor mit liegendem Zylinder und trugen die Typenbezeichnung 502, später 504. Die Tankrahmenmodelle unterschieden sich in der Art der Vorderrad-Gabel, dem Getriebe und der Zulassung als Mofa oder Moped. Dem echten DKW-Freund mochte sich, angesichts der Tatsache, was aus dem Markennamen geworden war, der Magen umdrehen. Mit dem neuen Sachs-Motor 504/1 änderten sich die Typenbezeichnungen in 504 M und 505 P.

Bauart:	Mofa / Mofa / Mofa / Moped
Modell:	DKW Mofa 502 / 504 / 504 Extra / Moped 505
Typ:	502 / 504 / 504 Extra / 505
Bauzeit:	ab 1968
Stückzahl:	–
Kühlung:	Fahrtwind
Hubraum:	47 ccm
Bohrung/Hub:	38/42 mm
Schmierung:	1 : 25
Leistung:	1,5 PS (Moped 2,0 PS)
Getriebe:	Eingang-Planetengetriebe mit Fliehkraftkupplung
Vergaser:	Bing
Rahmenbauart:	Stahlblech-Profilrahmen
Federung vorn:	keine / keine / Teleskopgabel / Teleskopgabel
Federung hinten:	keine / keine / Langschwinge mit Federbeinen
Bremsen:	Vollnabenbremse 90 mm vorn u. hinten
Reifen:	21 x 2,00
Höchstgeschw.:	25 km/h / 25 km/h / 25 km/h / 40 km/h
Sitzplätze:	1
Leergewicht:	36 kg / 36 kg / 40 kg / 40 kg
Preis:	DM 495 / DM 585 / DM 690 / DM 695

DKW DKW
City Bike 508

1970 gab es als Hercules oder DKW ein
City Bike genanntes Mini-Mofa auf 9-Zoll-
Scheibenrädern für die führerscheinfreie Zwei-
rad-Klasse. Daraus entwickelte sich später ein
Super Mokick und, für die Kleinkraftradklasse,
das sport bike 665. Mit diesen Modellen wollte
man eine Marktlücke schließen und sich von
der Konkurrenz absetzen. Im Gegensatz zu
den anderen Mofas hatte das Modell 508 einen
Rohrrahmen. Die erste Ziffer 5 in den Typenbezeichnungen kennzeichnete die neuen,
liegenden Sachs-Motoren, die ab 1968 eingeführt worden waren.
Mit dem wiederrum neuen Motor-Typ 504/1
änderte sich die Typenbezeichnung in City Bike
508 S.

Bauart:	Mofa
Modell:	City Bike 508
Typ:	508
Bauzeit:	ab 1970
Stückzahl:	–
Kühlung:	Fahrtwind
Hubraum:	47 ccm
Bohrung/Hub:	38/42 mm
Schmierung:	1 : 25
Leistung:	1,5 PS
Getriebe:	Eingang-Planetengetriebe mit Fliehkraftkupplung
Vergaser:	Bing
Rahmenbauart:	Rohrrahmen
Federung vorn:	Teleskopgabel
Federung hinten:	keine
Bremsen:	Vollnabenbremse 90 mm vorn u. hinten
Reifen:	9 x 2,25
Höchstgeschw.:	25 km/h
Sitzplätze:	1
Leergewicht:	42 kg
Preis:	DM 695

Mofa 629 / **DKW** Mofa Hobby Rider 631 / Moped 630

Das kaum durchschaubare Angebot der Zweirad Union wurde 1972 um weitere Mofa-/ Moped-Modelle erweitert, die mit aufgesetzten Tanks zum Teil die früheren Tankrahmen-Modelle ersetzten. Dem poppigen City Bike folgte der »Hobby Rider«, erkennbar am kräftig geschwungenen Lenker und den außenliegenden Federn der hinteren Federbeine. Die erste Ziffer 6 in der Typenbezeichnung stand für den älteren Motortyp Sachs 50 mit stehendem, nach vorn geneigtem Zylinder, der im Moped 2,6 PS leistete.

Bauart:	Mofa / Mofa / Moped
Modell:	DKW Mofa 629 / Hobby Rider 631 / Moped 630
Typ:	629 / 631 / 630
Bauzeit:	ab 1971
Stückzahl:	–
Kühlung:	Gebläse / Fahrtwind / Fahrtwind
Hubraum:	47 ccm
Bohrung/Hub:	38/42 mm
Schmierung:	1 : 25
Leistung:	1,5 PS (Moped 2,6 PS)
Getriebe:	2 Gänge
Vergaser:	Bing
Rahmenbauart:	Stahlblech-Profilrahmen
Federung vorn:	Teleskopgabel
Federung hinten:	Langschwinge mit Federbeinen
Bremsen:	Vollnabenbremse 90 mm vorn u. hinten
Reifen:	21 x 2,00
Höchstgeschw.:	25 km/h / 25 km/h / 40 km/h
Sitzplätze:	1
Leergewicht:	40 kg / 43 kg / 43 kg
Preis:	DM 930 / – / DM 975

RT 159
ES (E) /
RT 125 ES (E)
DKW

Im Rahmen der Weiterentwicklung der Hercules-Modelle zu Beginn der siebziger Jahre erhielten auch das Kleinkraftrad und die 125er ein etwas anderes Aussehen, wobei der unterzogene Rohrrahmen erhalten blieb. Wie die Hercules-Kleinkrafträder wies nun auch die DKW RT 159 vorne eine Schwinge statt der bisherigen Telegabel auf. Die übrigen technischen Daten blieben

ansonsten weitgehend unverändert. Die ES-Varianten hatten einen hochgezogenen, die E-Modelle einen normal verlegten Auspuff. Das gesamte Sachs-/Hercules-Programm wurde nun in völliger Design- und Farbengleichheit produziert. Zum Teil entschieden erst die großen Händler, welcher Marke die Modelle zugeordnet werden sollten und brachten die entsprechenden Aufkleber an. Neben den Serien-125ern verkaufte Hercules seine Geländesport (GS)- und Moto Cross (MC)-Maschinen ab Mitte der siebziger Jahre vornehmlich in Italien unter dem Markennamen DKW. Ansonsten machten sich diese Maschinen unter der Bezeichnung »Sachs« einen Namen.

Bauart:	Kleinkraftrad / Motorrad
Modell:	DKW RT 159 ES (E) / RT 125 ES (E)
Typ:	159 ES / 125 E
Bauzeit:	ab ca. 1971
Stückzahl:	–
Kühlung:	Fahrtwind
Hubraum:	49,6 ccm / 124 ccm
Bohrung/Hub:	40/39,5 mm / –
Schmierung:	1 : 25
Leistung:	6,25 PS / 13 PS
Getriebe:	5 Gänge, Ziehkeil-Getriebe
Vergaser:	Bing
Rahmenbauart:	Rohrrahmen
Federung vorn:	Schwinge mit Federbeinen / Teleskopgabel
Federung hinten:	Langschwinge mit Federbeinen, hydraul. gedämpft
Bremsen:	Trommelbremsen vorn u. hinten
Reifen:	17 x 2,75
Höchstgeschw.:	80 km/h / 110 km/h
Sitzplätze:	2
Leergewicht:	85 kg / 108 kg
Preis:	DM 1895 / DM 2450

Luxus-Mofa **DKW** 511 /Moped 513

1972/73 löste eine neue Typen-Reihe mit aufgesetzten Tanks die bisherigen Modelle 504 und
505 ab. Die auch unter Hercules M 3 verkauften Zweiräder wurden vom weiterentwickelten
Sachs-Motor 505 angetrieben, der vibrations-
ärmer und besser zu schalten war. Das Moped
hatte eine Zweigang-Handschaltung.

Bauart:	Mofa / Moped
Modell:	Luxus-Mofa 511 / Moped 513
Typ:	511 / 513
Bauzeit:	ab 1971
Stückzahl:	–
Kühlung:	Fahrtwind
Hubraum:	47 ccm
Bohrung/Hub:	38/42 mm
Schmierung:	1 : 25
Leistung:	1,5 PS / 2 PS
Getriebe:	Eingang-Automatic / 2-Gang-Handschaltung
Vergaser:	Bing
Rahmenbauart:	Rohrrahmen
Federung vorn:	Teleskopgabel
Federung hinten:	Langschwinge mit Federbeinen
Bremsen:	Vollnabenbremse 90 mm vorn u. hinten
Reifen:	17 x 2,25
Höchstgeschw.:	25 km/h / 40 km/h
Sitzplätze:	1
Leergewicht:	46 kg / 47 kg
Preis:	–

Mofa 634 / DKW
Moped 632

Im gleichen Programm wie die zuvor genannten Modelle tauchten noch ein Mofa und ein
Moped mit dem in die Jahre gekommenen
Sachs-50-Motor auf, der natürlich mit diversen
Zusatzbezeichnungen im Laufe der Jahre einige
Veränderungen erfahren hatte (jetzt Sachs
50 /2MB). Mit der langen, gesteppten Doppelsitzbank machte das Moped eine etwas selt-
same Figur.

Bauart:	Mofa / Moped
Modell:	DKW Mofa 634 / Moped 632
Typ:	634 / 632
Bauzeit:	ab 1971
Stückzahl:	–
Kühlung:	Fahrtwind
Hubraum:	47 ccm
Bohrung/Hub:	38/42 mm
Schmierung:	1 : 25
Leistung:	1,5 PS / 2,6 PS
Getriebe:	2-Gang-Handschaltung
Vergaser:	Bing
Rahmenbauart:	Rohrrahmen
Federung vorn:	Teleskopgabel
Federung hinten:	Langschwinge mit Federbeinen
Bremsen:	Vollnabenbremse 90 mm vorn u. hinten
Reifen:	17 x 2,25
Höchstgeschw.:	25 km/h / 40 km/h
Sitzplätze:	1 / 2
Leergewicht:	46 kg / 50 kg
Preis:	– / DM 1140

Mokick **DKW** 139 M / Super Mokick 694 / sport bike 695 / RT 159 Jet

Bauart:	Mokick / Mokick / Kleinkraftrad / Kleinkraftrad
Modell:	Mokick 139 M / Super Mokick 694 / sport bike 695 / RT 159 Jet
Typ:	139 / 694 / 695 / RT 159 Jet
Bauzeit:	ab 1973
Stückzahl:	–
Kühlung:	Fahrtwind
Hubraum:	49,6 ccm
Bohrung/Hub:	40/39,5 mm
Schmierung:	1 : 25
Leistung:	2,9 / 2,9 / 5,3 / 5,8 PS
Getriebe:	4 / 3 / 5 / 5 Gänge
Vergaser:	Bing
Rahmenbauart:	Zentral-Rohrrahmen
Federung vorn:	Teleskopgabel
Federung hinten:	Langschwinge mit Federbeinen, hydraul. gedämpft
Bremsen:	Trommelbremsen vorn u. hinten 123 mm
Reifen:	17 x 2,75 / – / – / 17 x 2,75
Höchstgeschw.:	40 / 40 / 80 / 80 km/h
Sitzplätze:	2

1974 wartete die Zweirad Union noch einmal mit einem umfangreichen Mokick- und Kleinkraftrad-Programm unter dem Markennamen DKW auf. Dabei waren die 139 M und die RT 159 Jet mit gleichem Motor (Sachs 50S) und dem gleichen Fahrgestell ausgestattet. Auf Grund der Zulassungsordnung blieb der Mokick-Motor auf 2,9 PS gedrosselt. Gleiches galt für die Fun-Modelle 694 und 695, die ebenfalls vom Sachs 50S angetrieben wurden und eine Telegabel hatten. An-

sonsten hoben sich das sport bike und seine Mokick-Version mit dem kurzen Radstand, dem hohen Lenker und den kleinen Scheiben-Rädern doch deutlich von den anderen Zweirädern ab.

DKW Mofa 530 / 532 / 533

DKW

Bauart:	Mofa
Modell:	DKW Mofa 530 (532)/533
Typ:	530 (532)/533
Bauzeit:	–
Stückzahl:	–
Kühlung:	Fahrtwind
Hubraum:	47 ccm
Bohrung/Hub:	38/42 mm
Schmierung:	1:50
Leistung:	1,5 PS
Getriebe:	Eingang-Automatic / 2-Gang-Handschaltung
Vergaser:	Bing
Rahmenbauart:	Stahlpresskonstruktion
Federung vorn:	Teleskopgabel
Federung hinten:	Langschwinge mit Federbeinen, hydraul. gedämpft
Bremsen:	Trommelbremsen vorn u. hinten 90 mm
Reifen:	17 x 2,25
Höchstgeschw.:	25 km/h
Sitzplätze:	1
Leergewicht:	43 kg (43 kg)/43 kg
Preis:	DM 1080 (DM 1280)/ DM 1390 (Stand 1978)

Zum Ende der siebziger Jahre hin beschränkte sich der Markenname DKW noch auf eine Handvoll Mofas, auf die die Großhändler der Zweirad Union innerhalb der Sachs-Gruppe die traditionsreichen drei Buchstaben klebten, um ein breiteres Angebot mit vermeintlich jahrzehntelanger Erfahrung zu haben. Dabei war bis auf den Zweitakt-Motor und eben die drei Buchstaben nichts mehr von der einstigen großen Motorradmarke übrig geblieben. Immerhin steckten die DKW-Mofas in einem feinen Anzug und erfreuten mit modernsten technischen Beigaben. Die Typen 530 und 532 waren identisch, letzterer hatte Kotflügel aus Edelstahl. Das Modell 533 besaß eine 2-Gang-Handschaltung anstelle des Automatic-Getriebes.

DKW 531   **DKW**

Das Edel-Mofa unter den Tankrahmen-Modellen hieß Ende der siebziger Jahre Modell 531. Die silbergraue Lackierung, Edelstahl-Schutzbleche, eine Vierleuchten-Blinkanlage und Gussräder ließen das Fahrzeug unter Deutschlands Top-Mofas rangieren. Das Maschinchen gab es wahlweise mit Automatik oder Zweigang-Getriebe. Und natürlich mit beliebigen Marken- Bezeichnungen. Wobei die Marke DKW nun endgültig in die letzte Runde ging.

Bauart:	Mofa
Modell:	DKW 531
Typ:	531 Automatik / 2-Gang
Bauzeit:	–
Stückzahl:	–
Kühlung:	Fahrtwind
Hubraum:	47 ccm
Bohrung/Hub:	38/42 mm
Schmierung:	1 : 50
Leistung:	1,5 PS
Getriebe:	Eingang-Automatic / 2-Gang-Handschaltung
Vergaser:	Bing
Rahmenbauart:	Stahlpresskonstruktion
Federung vorn:	Teleskopgabel
Federung hinten:	Langschwinge mit Federbeinen, hydraul. gedämpft
Bremsen:	Trommelbremsen vorn u. hinten 90 mm
Reifen:	17 x 2,25
Höchstgeschw.:	25 km/h
Sitzplätze:	1
Leergewicht:	44 kg
Preis:	–

DKW 531 Automatik
Bequemer geht's kaum mehr vorwärts: Einfach die rechte Hand an den Gasgriff und Sie haben die volle Leistung des robusten SACHS-Motors sicher im Griff.

DKW 531 2-Gang mit Blinkanlage
Damit kommen Sie schnell weg und locker über'n Berg: Mit der exakt arbeitenden 2-Gang-Handschaltung holen sportliche Fahrer alles aus dem unverwüstlichen SACHS-Aggregat.

DKW 534 / **DKW** 535 (S)

Für einen Rohrrahmen mit aufgesetztem 4,3-Liter-Tank standen Ende der siebziger Jahre die Mofa-Modelle 534 und 535. Ersteres war mit der Eingang-Automatik, letzteres mit der 2-Gang-Handschaltung ausgerüstet. Später erhielt das Modell 535 noch ein »S« in der Typenbezeichnung und Gussräder.

Bauart:	Mofa
Modell:	DKW 534/535 (535 S)
Typ:	534/535 (535 S)
Bauzeit:	–
Stückzahl:	–
Kühlung:	Fahrtwind
Hubraum:	47 ccm
Bohrung/Hub:	38/42 mm
Schmierung:	1:50
Leistung:	1,5 PS
Getriebe:	Eingang-Automatic/ 2-Gang-Handschaltung
Vergaser:	Bing
Rahmenbauart:	Zentral-Rohrrahmen
Federung vorn:	Teleskopgabel
Federung hinten:	Langschwinge mit Federbeinen, hydraul. gedämpft
Bremsen:	Trommelbremsen vorn u. hinten 90 mm
Reifen:	17 x 2,25
Höchstgeschw.:	25 km/h
Sitzplätze:	1
Leergewicht:	48 kg/49 kg
Preis:	DM 1280/ 1390 (Stand 1978)

DKW 535 S
Bequem und sicher durch die Stadt und raus auf's Land.

DKW Sportmofa

DKW

Die Tradition der Fun-Mofas setzte das DKW Sportmofa Ende der siebziger Jahre fort. Im Gegensatz zu den anderen Modellen mit Rohrrahmen und aufgesetztem Tank hatte das Sportmofa u. a. wieder den geschwungenen Lenker, einen angedeuteten Rahmenunterzug, einen Lampenbügel und ein Edelstahlrohr-Gestell auf dem Gepäckträger. Alles in allem Luxus pur im Mofa-Segment, der auch seinen Preis hatte. Natürlich gab es auch ein entsprechendes Parallelmodell von Hercules, das noch in den 80ern als Hobby Rider verkauft wurde.

Bauart:	Mofa
Modell:	DKW Sportmofa
Typ:	534 Sport
Bauzeit:	–
Stückzahl:	–
Kühlung:	Fahrtwind
Hubraum:	47 ccm
Bohrung/Hub:	38/42 mm
Schmierung:	1 : 50
Leistung:	1,5 PS
Getriebe:	2-Gang-Handschaltung
Vergaser:	Bing
Rahmenbauart:	Zentral-Rohrrahmen
Federung vorn:	Teleskopgabel
Federung hinten:	Langschwinge mit Federbeinen, hydraul. gedämpft
Bremsen:	Trommelbremsen vorn u. hinten 90 mm
Reifen:	17 x 2,25
Höchstgeschw.:	25 km/h
Sitzplätze:	1
Leergewicht:	49 kg
Preis:	DM 1440 (Stand 1978)